# 文明の精神

## ——「森の民」と「家畜の民」

安田喜憲　著

古今書院

**「羽飾りの帽子をかぶった羽人が船を漕ぐ姿」の壁画**
中国雲南省博物館の入口には，李家山遺跡から出土した青銅器に彫金された，羽人が船を漕ぐ姿が造形されている．同じような造形が，鳥取県米子市淀江町角田《すみた》遺跡から出土した弥生時代の土器にも描かれている．（撮影　肖明华）

# Spirit of the Civilization:
## Forest People and Livestock People

Yoshinori YASUDA

Kokon-Shoin Publisher, Tokyo, 2018

# まえがき

本書のタイトルにかかわる「文明の精神」を着想したときはずいぶん悩んだ。とりわけ精神という表現があまりにもアカデミズムからかけ離れすぎていると思った。だが、あえて「文明の精神」と題した論文を二〇一一（平成二三）年に『比較文明研究』（第一六号　七三〜一〇二頁）に書いた。そしてそれを本書の第三章に再録させていただいた。

着想してから八年以上の歳月がたった二〇一七（平成二九）年、いまや「文明の精神」という表現はアカデミズムからかけ離れた表現ではなくなったと私は思っている。川勝平太氏は「文明の精神史観」という用語を使われるようになっているし（川勝平太『文明の海洋史観』中公文庫　二〇一六）、笠谷和比古氏は「武士道の精神史」という表題の本を書かれた（笠谷和比古『武士道の精神史』ちくま新書二〇一七）。私は「文明の精神」にとどまっていたが、川勝平太氏は「文明の精神史観」、笠谷和比古氏は「武士道の精神史」と一歩進めた用語を作りだしておられた。

日本人は技術を追い求めることができ、その能力も高い。ところがその技術がいつの間にかガラパゴス化している。人類（ホモ・サピエンス）は二〇万年前に誕生したばかりである。二〇〇万年近く生きたホモ・エレクトスに比べればまだ小学生である。人類が生き残るためには、新しい世界史観・文明史観を構築しなければならない。第二次世界大戦の敗戦後の教育の中で教えられたのは、欧米人の世界史だった。その世界史に心酔し、欧米文明・「物質エネルギー文明」にあこがれてきたのが戦後七〇年を生きた日本人だった。

もちろん日本人があこがれてきたのが欧米文明であったことはよかったと思う。だが明治一五〇年を迎え、欧米文明のみを手本とする時代はもう終わりに近づきつつあるのではないか。いやむしろ欧米人の中にすでにその限界を感じている人がではじめているのではないか。「欧米文明半分・日本文明半分の時代」がやってきつつあるのではないか。

未来を語ることが、たんなるSF世界のことがらと見なされてはならない。それは、新しい世界史と新しい文明の潮流を創造できるかどうかの試金石なのである。日本人はガラパゴス化の未来を創造するためにモノヅクリの技術を磨いているのではない。たまたま欧米中心の文明が先行するため、日本のモノヅクリはガラパゴス化する運命を担わされているだけなのである。私たちが目指すのは新たな文明の時代である。欧米文明に変わる新たな文明の時代をどうすれば創造できるのか。

歴史と伝統文化の中に、長年培ってきた日本のモノヅクリ技術の真髄は隠されているのではないか。その技術の真髄を未来の新たな世界史・文明史を創造するために活かすにはどうすればいいのか。日本文化にとって、日本人にとって、何が重要か。日本人が培ってきた歴史と伝統文化を欧米の人々が共有するには、どうしたらいいか。どのような世界史を描けば、日本文明を世界の人々が共有できるようになるのか。こうした日本人にとってさしせまった課題に本書は挑戦したいのである。

二〇一八（平成三〇）年五月六日

モノヅクリ生命文明機構理事長　安田 喜憲

# 目次

良寛

アンコールトムと亜熱帯林

雲南省の照葉樹林は荒廃

ピラミッドと砂漠

# 第一章　自然と人間の関係の科学

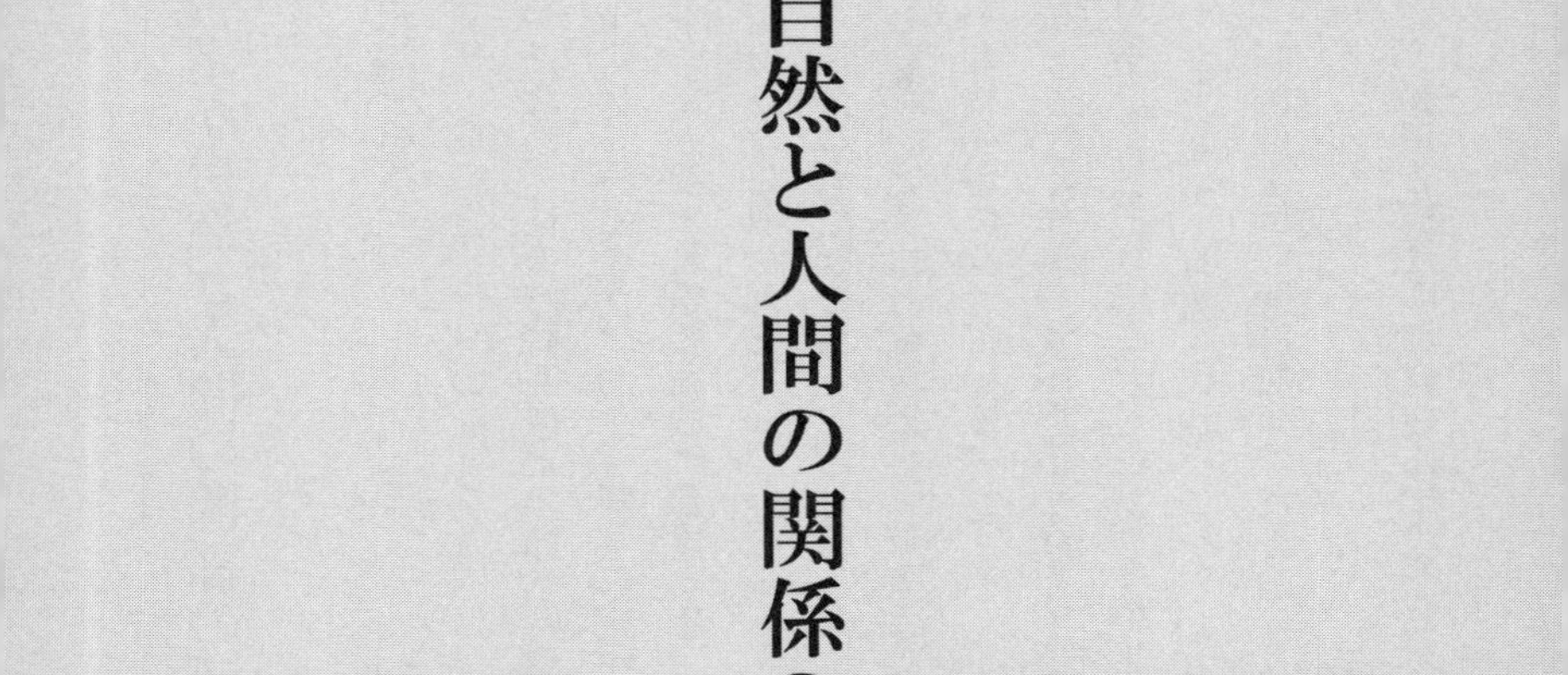


福井県水月湖の年縞

（提供　福井県，スケールのメモリは mm, 数字は cm）

# 一　自己否定が自然と人間の関係の研究に直結した

## 受験のおちこぼれ

これは研究自叙伝『環境考古学への道』（安田、二〇一三（1））でも書いたことだが、山間の生家から町の学校にかよったため、往復四時間以上の通学時間が必要だった。朝五時に起床し、三〇分自転車で石ころだらけのでこぼこみちをかけおり、阿下喜駅から軽便《けいべん》鉄道にゆられて一時間、馬道駅を降りてからさらに二〇分歩いて、やっと桑名高校に到達する。帰りは阿下喜駅から自宅までは上り坂で、ほとんど自転車を押して帰らなければならない。

今思うと「よくこんな過酷な毎日をすごせたなあ」と思う。当然、受験勉強やクラブ活動どころではなかった。しかし、おかげで体力を鍛えた。今では、朝夕利用した軽便鉄道は、テレビ番組にまで取り上げられるほどの名物列車になっている。

二〇〇九（平成二一）年に弟の安田喜正を介して、母校の桑名高等学校の百周年記念講演をたのまれた。「私のようなおちこぼれに、どうして百周年の大切な講演を頼むのか。もっと優秀な卒業生がおられるではないか」。私は即座にお断りした。しかし、たっての願いということで三回目におひき受けした。しかし、案の定、講演は生徒の興味をまったく惹くことができなかった。高校時代のおちこぼれの記憶が、私の講演をおもしろくないものにしていたのであろう。

桑名高校時代に、湯川秀樹氏のお兄さんに当たる貝塚茂樹氏（桑名市の貝塚家のご養子になられたご縁で講演された）の講演を聞いたが、何も記憶に残っていない。おそらく生徒には、それ以上に最悪の時間であったろう。「もう高校での講演は二度としない」と思っていた。

そこに翌年の二〇一〇（平成二二）年、こんどは宮城県白石高校の開校記念講演をたのまれた。「また高校か」と即座にお断りしたが、千田《ちだ》芳文校長（当時）が「どうしてもお願いしたい」ということだったので「私の講演は高校生には受けないが、それでもいいか」という条件付きでしぶしぶやってみた。ところが、こんどは生徒達の心に響いたようで、涙を流している子もいた。参列されていた保護者の方も、「とてもすばらしい講演だった」と言ってくださった。帰りの列車の中でも生徒が駆け寄ってきて、「先生、本当にありがとうございました」と涙ながらに握手をなんどももとめられた。

「同じことを話したのに、どうして桑名高校とはこんなにちがうのか」と不思議に思った。

それは受け手の感性の問題なのかもしれない。「私の講演はやはり自然風土と日々接し、弱者への思いが理解できる感性を持った東北の人々にこそ受け入れられるのかもしれないな」と、そのとき思った。同じことを話しても、聞き手によってその受け取り方は千差万別である。自然が毎日語りかけているのに、その受け止め方は人によって千差万別であるのと同じだ。私の講演は自然と日夜関係している東北の人々の心と共鳴しあうようである。それ故、自然と人間の関係を強く意識できる東北の風土に生きる人々の心をゆさぶったのではないかと勝手に思っている。

## 創造性の芽を摘む官僚主義の限界

私は今、畏友、川勝平太静岡県知事の下で、静岡県補佐官・ふじのくに地球環境史ミュージアム館長として静岡県の行政にもたずさわっている。静岡県の職員は東北大の卒業生が多く、彼らは部長や局長など県政のトップになっており、私としては仕事のやりやすいまことに恵まれた職場である。しかし、そこにも多少の問題を感じた。それは日本全土をおおう官僚主義の弊害である。

戦後七〇年、日本は欧米の「物質エネルギー文明」を模範として、追いつけ追い越せでがんばってきた。受験戦争もその中で生まれた。そんな時代には問題解決型の秀才が大きな力を発揮できた。

幼い頃から塾に通い、既存の与えられた問題を、いかに早く正確に解くかの能力を磨くことに全力が注がれた。既存の問題解決にすぐれた秀才が、受験戦争の栄光を勝ち取り、日本のリーダーとなった。

模範とすべき対象があり、既存のレールが存在する間は、こうした受験戦争を勝ち抜いた問題解決型の秀才が、大きな力を発揮できた。官僚がよく口にする「前例踏襲主義」は、ある意味で創造性を否定する言葉である。特に行政の世界では、まったく新しい創造性を発揮することは禁句なのである。失敗を恐れる部長や局長たちの上司は、なかなか新しいことに着手しようとはしない。何もしなければ失敗することがないからである。こうして日本の官僚主義の何もしない、何も進まない悪弊が広まり、どこかで前例を踏襲しなければ物事を動かせない事態を生みだした。

それは、これまでの日本が、欧米の先進国の既存のレールをいかに正しく踏襲するかを教育の基本にし、それにたけた人々をリーダーとして育成してきたからである。だが、いつしか日本はアメリカやヨーロッパと肩を並べるまでに発展した。模範とすべき対象はなくなってしまった。その上、少子化で希望すればほとんどの学生が大学に入学でき、予備校がつぶれ、大学がつぶれる時代になり、これからは自分で、レールを敷いていかねばならなくなった。

二一世紀は、地球環境問題、巨大災害、人口爆発、食糧危機、エネルギー問題、少子高齢化など、多くの難問が山積する時代である。しかも、これらの難問には模範解答はまったく用意されていない。これからの日本は、何の航海図もなしに、白紙の段階で嵐の海に船出しなければならない。日本丸の船長は、航海図を独自に作成しなければならないのである。

しかし、日本の受験戦争に勝ち残った官僚たちは、与えられた問題、しかもいつも、正しい解答が予定されている問題の解決ばかりに取り組んできた人々である。そうした人間にとっては、模範解答のない白紙の上に、まったく新しい航海図を作成することは、必ずしも得意とするところではない。

既存の枠組みを外れることなく、予定された正しい解答にたどり着く訓練ばかりを行ってきた人間は、まったく未知の事件に遭遇したとき茫然自失となる。それが端的に表れたのが、二〇一一（平成二三）年三月一一日に起こった東日本大震災である。巨大な震災が日本を直撃したとき、日本のリーダーが発した言葉は「想定外」であった。そこに、これまでの日本をリードしてきた問題解決型秀才の限界が示されていると思った。

「前例踏襲主義」をくりかえし、「失敗を極端に恐れ」、既存の用意されたレールに自分の思考をあわせている間に、いつしか創造性を喪失し、まったく新しい未知の世界に、大胆に航海図を描き、新しい世界を創造するという冒険心を、日本の優秀な官僚や行政は失ってしまったのではあるまいか。それは受験戦争の弊害であると私は思う。

## 自己否定の時代

高等学校から大学にかけての時代は、先の見えない暗い時代だった。私（安田、一九九九(2)）は、その時代を「自己否定の時代」として位置づけている。本当は青春の命が輝く時代なのに、私にとってはつらくて苦しい時代だった。

「自分はダメな人間なのだ。何をやってもうまくいかない。どうして人並みの親孝行さえできないのか」。自分の能力のなさを感じながら自信のない日々を送った。

そうした自己否定の気持ちは、ずいぶん後年になっても残っていたようで、国際日本文化研究センターの助教授に採用されて、梅原 猛先生にお会いした時、梅原 猛先生からの第一声は「もっと自信を持たなあかん」というお言葉だった。

「地球に祈ることとは、自分に祈ることである。他人の幸せを祈ることは自分の幸せを祈ることでもある。他人を大切にすることは、自分を大切にすることであり、地球を大切にすることである」ということはようやく最近になって、わかってきたことである。しかし、当時の私にはまだわからなかった。

しかし、「自分はこの世でなんととるにたらない、つまらない、小さな存在なのか」という自己否定の気持ちは、この世に生きる、人間以外の生きとし生けるものの生命《いのち》の大きさ、自然の大きさを実感させる契機になった。

自己否定の気持ちは自然に対する謙虚な気持ちを生むことにつながった。

自然と人間の関係の研究は自分がなによりも優秀でまさっているという、傲慢な信念を持った受験戦争の勝ち組の人には理解できないかもしれない。私は後年、人間以外の生きとし生けるものの生命《いのち》に畏敬の念を覚えるアニミズム論者になるが、それはこのときからはじまっていたと言ってよいであろう。

自然と人間の関係の地理学は、まさに自然に対する謙虚な畏敬の気持ちなしにはできないものである。第二次世界大戦後の日本の地理学は、この自然と人間の関係の地理学を排斥し、環境可能論や中心地論・地域論・空間論・人文主義的地理学など、人間中心主義に立脚した新たな地理学の道を模索した。そして私のように「地理学の王道は自然と人間の関係を研究することだ」と主張する研究者は、環境決定論者の烙印を押され、地理学の世界から排除された。しかし、戦後日本の地理学は、どこかに人間中心主義の傲慢をかかえていたように私は思う。

受験戦争の勝ち組によって運営された第二次世界大戦後の日本の地理学が、人間中心主義の傲慢を抱えるようになることは当然の帰結でもあったように思う。スーパーエリートと自負される先生方によってリードされてきた戦後日本の地理学は、自然に対する謙虚さをどこかで見失っていたように思われてならない。

しかもこうしたエリートたちは、壁にぶちあたったらその壁を乗り越えるのではなく、直ちに別の方向に乗り換えることを繰り返した。このため日本の地理学理論は軽薄短小と言われても仕方がないほどに、コロコロと目まぐるしく変わった。

## 最澄も空海も良寛も自己否定に陥っていた

私は最澄（七六七〜八二二）の「草木国土悉皆成仏」を、二一世紀の地球環境問題を解決する思想の原点にしている。その最澄に出会ったのは、まさに自己否定の極限をさまよっている頃だった。すでに拙著（安田、一九九九(2)）でこのことは記述したが、あらためて述べたい。

最澄は、『入山釈文』の一節で「愚中ノ極愚、狂中ノ極狂、塵禿ノ有情、低下の最澄」（自分は愚か者の中で最も愚かな人間であり、気が狂った人間の中で最もおかしい人間であり、うすぎたない怠け者で最低の人間だ）と言っていた。それは一九歳の最澄が出家し、比叡山の山中に草庵を構え修行の生活に入った頃に書かれたものである。私が自己否定の極限をさまよっていたのと同じ年頃に、最澄も自己否定の極限をさまよっていたのである。

しかしこの最澄の強い自己否定こそが、のちに「草木国土悉皆成仏」の思想の原点になったと思う。なぜなら強い自己否定とは、自からの小ささを認識することにつながるからである。この広大な宇宙、そして多様な生命世界で、自分という存在はなんと小さい、取るに足らない、つまらないちっぽけな存在なのかという認識なしには、自然と人間の関係性の重要性を真に実感することはできない。

自分はとるにたらない小さい存在にすぎないという自己否定の気持ちは、たえずなにかに見つめられているという気持ちとも直結する。広大な宇宙のかなたから、あるいは深い森の中から、あるいは大海原のかなたから、自分をじっと見つめる目を感じる。村上和雄氏（村上、二〇一一(3)）の言われるサムシング・グレートの存在を感じる心に直結する。

空海（七七四〜八三五）もまた、多感な青春時代に、強い自己否定に陥っていた。

両親の期待を背負って、讃岐の田舎から出てきて、都の大学にやっと入学したのに、一八歳の空海は突然大学を中退し、山中の修行に入ったのである。

その頃の空海の気持ちが『三教指帰《さんごうしいき》』に述べられている。

「老親皤皤《はは》として冥壌《めいじょう》に臨みけり、この余が頑頑《がんがん》たる、哺を反す由し無し、嵯呼《ああ》、悲しき哉。進むで仕へむと欲すれば、己に竿を好む主無し。退いて黙せむと欲すれば、禄を待つ親有り。進退の惟れ谷《きわ》まれるを嘆き、起居の狼狽《ろうばい》に纏《おちい》る」（私が愚鈍なため、父母に恩を返す方法がない。月日は過ぎ去り、親の命は残り少ない。進んで士官しようとしても、私を雇ってくれる主人はいないし、黙って何もしないでいると、私の禄を待っている親がいる。ここに進退はきわまり、いてもたってもいられない。ただただろうばいするだけである）（弘法大師空海全集編集委員会、一九八四（4））。

この『三教指帰《さんごうしいき》』の中に仮名乞児《かめいこつじ》の名を借りて書かれた一文は、自己否定に陥った多感な青春時代の空海の真の気持であったにちがいない。

若き日の最澄や空海が、当時の世間的栄達の道を踏み外した「おちこぼれ」であったことは確実である。強い自己否定に陥り、その精神の苦悩と闘う中で、そののち千年も続く神仏習合の新しい文明の時代を創造したのである。

最澄が自分を「極愚」と書いたように、自ら「大愚」と称したのは良寛（図1-1）だった（安田、二〇一三（1））。名主の長男に生まれながら、一八歳で出家し、一生を托鉢僧として過ごした。「空海以下この人あるのみ」と言われた

**図 1-1　新潟県国上山の中腹の良寛像**
良寛（1758~1831）が 20 年間住んだという五合庵の近くにつくられたもの.（撮影　安田喜憲）

良寛（一七五八〜一八三一）を生み出したのも、自らを「大愚」と称する自己否定の気持ちだったのであろう。良寛が生きた時代も天明の飢饉をはじめ災害の多い時代だった。良寛が残した歌に「鶯《うぐいす》の このはるばかりこぬことは 去年のさわぎに 身まかりぬらし」というのがある。二〇一一（平成二三）年の3・11東日本大震災のあと、本当に鶯が来るのがおそかった。鶯は死んでしまったのではないかと思ったが、六月になってやっと鳴きはじめたときはうれしかった。

良寛は、三八歳のときに父が桂川に入水自殺したことを契機に、故郷の越後に帰った。国上《くがみ》山の中腹の五合庵に居をかまえた。五合庵は国上寺の開祖萬元《まんげん》上人が暮らした庵であった。五合庵の背後には、彌彦《いやひこ》神社のご祭神、天香山命が最初に祭られたという聖地がある。彌彦神社の誕生は、彌彦山と国上山の山岳信仰と深くかかわっていた。国上山は円錐形のなだらかな山で、越後の山岳信仰の聖地だった。

良寛はその山岳信仰の聖地にあった五合庵に二〇年間住み、托鉢をしてくらした。五合庵はわずか一五平方メートルほどの茅葺の簡素な住まいであった。良寛は自然と子どもを愛し、美しい詩歌を残した。最澄も空海も良寛も、青春のある時期に強い自己否定に陥り、もがき苦しむ中で、それを克服し、自己を研鑽し、高めていったのであろう。その自己否定に陥った人間を救い助け、生きる力をあたえてくれたのは、日本の山であり森であり、海だったのである。すなわち日本の自然だったのである。

自然と人間の関係の地理学こそ地理学の王道であることを実感できたのは、まさに私が自己否定の極致に陥っていた賜物だったのかもしれない。地理学者として生きようとした私にとっては、自然と人間の関係の地理学を遂行することこそが、自分にとってもっとも正直な「生き方」（稲盛、二〇〇四[5]）だった。

## 地球温暖化の時代を生きる

神仏習合の思想は千年以上にわたって日本人の魂を支配した。その日本の方向性を決定づけたのは最澄と空海という二人の大天才であった。

その最澄と空海の二人の共通点は、まずともに時代の潮流からの「おちこぼれ」であったことである。多感な青春時代に「おちこぼれ」た二人は、自分以外の他者（人間のみでなく、自然をも含む）の素晴らしさに圧倒された。

そして彼らの生きた時代は中世温暖期と言われる温暖化の時代であり、現代の状況ときわめてよく似た状態であった。しかも災害が多発する時代に最澄と空海は生きたのである。最澄と空海が生きた時代の気候変動と災害の模式図（安田、二〇〇四[6]）を見れば、最澄や空海が生まれる前は万葉寒冷期と私が名づけた寒冷な時代だった。ところが奈良東大寺の大仏開眼供養の頃から地球は温暖化し、最澄と空海が生きた時代は万葉寒冷期から大仏温暖期（安田、二〇〇四[6]二〇一六[7]）へと移行する時代に当たっていた。そして地球温暖化とともに、干ばつや洪水などの気象災害や地震が多発するようになる時代だった。

## 都市の仏教から山の仏教への転換

奈良仏教は南都六宗に代表されるように都市の仏教だった。道鏡のようにときの権力者と癒着し、天皇になろうとするものまで現れた。為政者はこうした仏教僧の政治への介入に辟易していた。このため、時の政治家は仏教の影響から逃れるために、遷都まで計画した。まず都を奈良から長岡京に移した。

しかし、長岡京はあいつぐ洪水の被害を受け、桓武天皇は七九四（延暦一三）年に平安京に都を移さざるを得なかった。そして仏教の僧侶からの影響を排除するために、仏教徒は都の中心から離れた比叡山や高野山の山中で修業するようにしたのである。そのときあたかも政治から仏教の影響を排除したいという時代の精神を反映するかのように、二人の大天才が出現する。それが最澄と空海であった。

すでに述べたように最澄は一九歳のときに比叡山の山中に出家し、空海は長岡京の大学を一八歳で中退して、紀伊半島の山中や四国の海辺にこもった。

**図 1-2　空海（774~835 年）の眠る和歌山県高野山奥の院への道**
（撮影　安田喜憲）

人は都会の中で暮らせば都市の風土が身に沁み、心も都市文明の心になる。だが山で暮らせば人は「山の心」、海辺で暮らせば「海の心」を持つようになる。

「生きとし生けるもの」への畏敬の念を基本に置く神仏習合の思想はこうして誕生したのである。それは日本人の「山の心」であり「海の心」であったと言っても過言ではあるまい。

自己否定に陥り、他者の素晴らしさ自然のすごさを実感できる心を持った最澄と空海が生きた時代は、都市の仏教に汚染された政治が、その強大な僧侶たちの力を遠ざけようとしたときだった。しかも、地球温暖化で気象災害や地震が多発し、人々が自然の猛威に恐れをなした時代だった。神仏習合の思想はこうした森と海の神道と仏教の中から生まれてきたのである。

## 現代は都市文明から農村文明へ転換する時代

そして二一世紀初頭の現代は、最澄や空海が生きた時代とまったく同じように地球温暖化による気象災害や地震が猛威を振るい、欧米で発達した都市市民が爆発的に増大し、多くの問題が顕現しはじめた。資本主義社会の下で発展した都市の暴発が引き起こされはじめた。

「自分さえよければいい・金さえ儲かればいい・今さえよければいい・過去に感謝し未来に責任を持って生きることなどどうでもいい・自然なんてどうでもいい」という若者が急増しはじめた。

その危機を救うのは、「農村文明の時代」を創造することだと私（安田、二〇一一(8)）は指摘した。かって最澄や空海が生きたとき、都市の仏教が山の仏教・海の仏教に転換することで日本文明の健全さが維持されたように、現代の「都市文明の時代」には、「農村文明の時代」※を創造していくことが必要であると説いたのである。

日本の農山漁村が活性化することが、健全な日本社会を維持する上で欠かせないことだと私は考えているのである。それを体現するかのように東京の「ふるさと回帰センター」は連日多くの人が押し寄せるようになった。都市から農山漁村へと移動する人の流れが生まれはじめているように思う。

※二〇一六年四月一二日東京全国町村会館で「農村文明創生日本塾」設立準備総会が開催され川勝平太静岡県知事の講演が行われ、全国の一二〇の市町村長が呼びかけに応じた。二〇一六年八月一二日には東京都道府県会館で「農村文明創生日本塾」設立総会が開催され寺島実郎氏の講演があり、全国の一九三の市町村長の賛同があった。奥島孝康氏が塾長に、田中幹夫氏が代表理事に、芳川修二氏が副代表理事に選任された。

## 尾張国富田庄の歴史地理学的研究

私の卒業論文は「尾張国富田庄の歴史地理学的研究」だった。誰からも教えられたわけでもない。見よう見まねで自分で本を読んで勉強した。

近鉄戸田駅をおりると富田庄の荘園跡と戸田川が見える。弟の安田喜正と二人で富田庄に行き、弟は父の残した6×6版のカメラで富田庄と戸田川を撮影してくれた（図1‐3上）。

それは今となっては中世の景観を残す貴重な記録写真となっている。現代は住宅が立ち並び、中世のおもかげをたどることは不可能である。

富田庄には荘園絵図が残っていた。

高度経済成長期以前で、住宅地がひろがる前だったので、荘園絵図と現地の地名を比較して、荘園絵図が現在の地名のどれにあたるのかを丹念に調査した。調査中は、金魚屋で財をなしている親戚に泊めていただいた。

微地形を復元した結果、中世温暖期には自然堤防の発達した比較的乾燥した土地が、小氷期の気候悪化と洪水の多発で、河道変遷が起こり、荘園の境界が不分明になり、境界争いが起こったことが明らかになった。また、荘園を囲む堤防内は洪水によって土砂が運ばれることがないので、結果的に周囲より低くなり、地形の逆転がおこった（図1‐3下）。このため自然堤防がしだいに湿地にかわり、乾燥した場所につくられる桑園が維持できなくなり、中世の末期には絹をおさめるかわりに、お金で支払う代銭納にかわったと指摘した。

荘園の境界争いの出現の原因に、気候変動と地形環境の変動があった点を指摘したのは卓見であったと今でも思っている。

私の自然と人間の関係を歴史的に研究するという学問の方向は、この卒業論文の作成のときにすでに決まっていたと言っても過言ではない。卒業論文は、後に立命館文学（安田、一九七〇[9]）と東北地理（安田、一九七二）[10]に刊行された。

**図 1-3　1970（昭和 45）年当時の尾張国富田庄の荘園の中心部跡と戸田川**

上：絵図にも記された富田庄の中心部を流れる戸田川．当時は中世のおもかげが残っていた．
下：地形の逆転を起こした堤防．左側が堤防内，右側が堤防外．　　（撮影　安田喜正）

# 二　自然と人間の関係の研究の受難の時代

## 地理学から抹殺された自然と人間の関係の研究

東北大大学院の学生時代に、私ははじめて生きているという実感と、青春を謳歌できた。しかし、その時代は、第二次世界大戦まで優勢だった地人相関論、自然と人間の関係の研究に代わって、日本の地理学者が新たな地理学を求めて、浮草のように漂よいはじめる時代だった。それは今日の地理学の衰退のはじまりの時代だったと言っても過言ではない。

当時の地理学者がなぜ地理学の王道である自然と人間の関係の研究を放棄したかは、歴史学者がマルクス史観に大きくシフトしたのと同じ現象であると私は考えている。第二次世界大戦の環境決定論に対する強い反動から、自然と人間の関係を研究する研究者に、地理学者は環境決定論者の烙印を押した。

それでも当時はまだ第二次世界大戦中に地理学を学んだ研究者が活躍をされており、自然と人間の関係の科学としての地理学を志向する地理学者もおられた。石田龍次郎会長（当時）が日本地理学会の会長講演（石田、一九七一(11)）の中で「地人相関論こそが地理学の王道である」ことを主張し続けた牧口常三郎氏の『人生地理学』をはじめて取り上げられた。

牧口常三郎氏が『人生地理学』（牧口、一九〇三(12)）を書いた時代は、何もかもが欧米一辺倒の時代だった。東京大学の教授は欧米の進んだ学説を翻訳し日本に紹介することが学問だと思っていた時代である。その時代に日本人の伝統的な自然観・世界観に立脚した「地人相関論こそ地理学の王道である」ことを牧口常三郎氏は訴え続けたのである。

その牧口常三郎氏の弟子の戸田城聖氏が、なぜ法華経の「生命の法」の重要性に着眼できたのか。この「生命の法」こそが人類を救う哲学であるということにどうしてたどりついたのか。それは牧口常三郎氏が「自然と人間の関係を研究」していたからこそ、生命《いのち》の大切さ、「生命の法」の大切さに気づくことができたのだと思う。

自然と人間の関係、大地と人間の関係を研究するためには、生命《いのち》の存在を無視できない。「自然と人間の関係」とは、生命《いのち》あるものとの関係に他ならないからである。生命《いのち》あるものに取り囲まれ、生命《いのち》の交流をしていること、それが生きるということなのである。

さらに能　登志雄先生は『気候順応』（能、一九六九[13]）を著し、環境決定論者として当時の地理学者から排斥されていたフリードリッフィ・ラッツェルの『人類地理学（Anthropogeographie）』（Ratzel, 1822,1891[14]）の講釈を、大学院の学生を対象に行っていた。

その頃の日本の地理学会はまだまだ輝いていた。それはこうした戦前の地人相関論（自然と人間の関係の研究）の地理学の伝統を背負った地理学者が元気だったからである。

大学院の博士課程三年の一九七四（昭和四九）年一一月に私は大学院を中退し、広島大学総合科学部に就職した。「父を早く亡くし経済的に困窮している安田を早く就職させなければならない」という西村嘉助先生のご配慮だったのであろう。しかし、広島大学での勤務はなかなか厳しいものであった。スーパーエリートと違う私は、万年助手も覚悟しなければならなかった。

「ならば人の一〇倍仕事してやる」という意気込みで研究した。しかし、時代の精神は私の目指す地理学とはまったく逆行していた。広島大学総合科学部地理学教室の教務員と助手をあしかけ一五年間も務めた。「安田君こんな学問をしていたのではいつまでたっても助教授にはなれんよ。いい加減に、やることを変えたらどうかね」というありがたい忠告を上司から受けたこともある。

## 環境論の新たなる地平

人文地理という学術雑誌に「環境論の新たなる地平」という論文を投稿した。そうしたら万年筆で「失礼だ！」と書かれたレフェリーからの返答が帰ってきた。

それでしかたなく、その概要版を月刊地理（安田、一九八七(15)）に掲載していただいた。そうしたら東京都立大学（現在は首都大学東京に呼称が変わっている）の地理学教室の中心地論の若手のホープだった先生が、この月刊地理を教室に持ってきて「こんなもの読むな！」と絶叫され、机の上にたたきつけられたそうである。地理学者から無視され続けていた私はそれでもうれしかった。やっとまともな反論にめぐりあったと思ったからである。当時、東京都立大学の大学院生であった宮本真二氏（のちに岡山理科大学准教授）と学部学生だった山田和芳氏（のちに静岡県ふじのくに地球環境史ミュージアム教授）がその授業に出て聞いておられた。日頃おとなしい先生が絶叫され、私の拙稿が掲載された月刊地理を机にたたきつけられたので、学生だった二人は驚き、それが深く印象に残ったようだ。

後年、宮本真二氏と山田和芳氏の二人は国際日本文化研究センターの私の研究室にきて、私と共に宮本真二氏は花粉分析、山田和芳氏は年縞《ねんこう》の研究にたずさわるのだが、その二人から同じことを聞いたのでこれは真実だろう。

まさに「飛ぶ鳥を落とす勢い」とはこういうことを言うのであろう。当時、私は広島大学の万年助手という身分であり、「こんなもの読むな！」と拙稿が掲載された月刊地理を机の上にたたきつけられた先生は、東京都立大学地理学教室の未来を担う若手のホープ教授だった。そういう身分の違いがこうした発言を導いたのかどうかは知らないが、「こんなもの読むな！」とはいささか傲慢な物言いではあるまいか。そういったことを言わせて、それをゆるす風土が当時の日本の地理学会にはあったと言うことである。「一寸の虫にも五分の魂」という諺が思いおこされたのはそのときであった。

その発言が未来を見通した先見の明のある発言ならまだしも、それから二〇年もたたないうちに中心地論は忘れ去られ、反論してくださった先生は中心地論に関する専門の単著を一冊とて刊行されることなく、その後は、中心地論とはまったく違う文学の研究をやっておられたようである（杉浦、一九九二[16]）。そしてもちろん何度も述べるように、誤った見通しの下に、暴言を吐かれたことに対する弁明の一言もない。

## 未来を見通せない人がリーダーになったときの悲劇

前期旧石器の捏造によって芹沢長介先生の学問は大きなダメージを受け、日本の考古学者は前期旧石器をあつかうことにきわめて慎重になっている。しかし捏造した張本人の方は、再婚までされていまや幸せの絶頂であるようだ。

世の中にはこうした人がいるのである。中心地論の隆盛で日本の地理学会を追われるように去らざるを得なかった私の苦しみは、こうした人にはわからないだろう。それが未来を見通した理論なら私には反論する資格はない。ところが二〇年もたたないうちに、中心地論の隆盛はしぼみ、いまや学説史の中でしか語られない地理学理論に成り果てているのである。

正しい未来を主張している他人の人生を踏みにじり、日本の地理学を誤った方向に導いていったこうした人々を、私は個人的に許せないのである。日本の社会はもうすこしきびしい制裁を彼らには加えるべきであるとさえ思う。

いったい彼らは地理学に何を残したかったのだろうか。自然と人間の関係の研究というアレクサンダー・フォン・フンボルト博士（図1－4）やカール・リッター博士以来の地理学の主要な研究命題をかなぐり捨てて、根なし草の時代を地理学に現出させただけではないか。こうした中心地論者たちによって、日本の地理学会が牛耳られたことが、地理学が衰退した根本原因だったと私は思っている。

人文地理学会の会長に就任された浮田典良氏までが「地理学はかって自然と人間の関係を研究するものと考えられていたこともあった。」（浮田、一九八五[17]）と指摘されたことで、自然と人間の関係の研究は過去のものとなり、人文地理学から完全に抹殺された。まさに一九七〇（昭和四五）年代から現代（二〇一八・平成三〇年）までは、自然と人間の関係の地理学にとっては受難の時代だった。

マルクス史観の歴史学者に牛耳られた日本の歴史学（永原慶二追悼文集刊行会、二〇〇六[18]）はもっ

図 1-4　アレクサンダー・フォン・フンボルト博士（1769~1859）
ドイツ，ベルリンの古代史博物館.（撮影　安田喜憲）

と悲惨だった。戦争に負けるということはこれほどに大きな精神的ショックをもたらすのか。その典型的な見本を、マルクス史観に牛耳られた戦後日本の歴史学会と、自然と人間の関係の研究という地理学の大命題を放棄して、私の人生を大きく変え、根なし草のように漂った戦後日本の地理学会の在り方に見ることができるのではあるまいか。

日本の地理学が根なし草のようにさまようのは、けだし一九七〇（昭和四五）年代以降のことである。一九七〇（昭和四五）年代と言えば日本はもう高度経済成長期に入っていた。日本の歴史学がマルクス史観に支配されるのは敗戦直後からのことである。皇国史観に反対する動きと地政学に反対する動きは、戦後直ちにはじまった。これに対し、地理学者が地人相関論、自然と人間の関係の研究を放棄するには、時間がかかった。

今にして思うと、地理学の後退運動が、一九七〇（昭和四五）年代に出てきたのは、地理学者が時代の動きに鈍感であったというより、地理学の本質をなしている地人相関論、自然と人間の関係の研究の命題があまりにも巨大であり、それを放棄するには、時間がかかったからなのではあるまいか。

しかし新たに出現してきた欧米文明の影響の下に立案された中心地論などの地理学理論は、その後二〇年ともたなかった。自然と人間の関係の研究を放棄して、新たに出現した理論が新たな地理学の活性化と新たな地理学の潮流を生み出したのなら、私は何も言わない。だがその新たな地理学理論は、一過性の熱病のように消え去り、地理学は根なし草となって漂う運命を担わされたのである。

地理学本来の「自然と人間の関係の研究」を捨て去り、地理学を迷妄の闇の中に引きずり下した行為にたいして、私は苦言を呈しているのである。

小手先のことでは本物の学問はできない。中心地論や人文主義地理学が潰えた今、いくら小手先で器用に方向性を変えたからと言って、それが新たな未来の学問の潮流を生むことにはなり得ない。そのことは小田匡保氏の論文に端的に示されている（小田、一九九七[19]）。

## 海外の地理学者は元気だった

日本の地理学会がこのような状況であるから、私の人生は極まったかに見えた。私は地理学者としては生きていけない自分を感じ、新たに「環境考古学」を自分の専門分野とすることにした。一九九〇（平成二）年以来、日本の地理学会とは深い関係がなくなった。日本の地理学会を追われた（具体的に何かをされたわけではないが、自ずから地理学会からは足が遠のいた）私は、しかたなく自分の専門を「環境考古学」とするとともに、外国の研究者との交流を積極的にはじめた。

二〇〇三（平成一五）年に私たちの年縞《ねんこう》の花粉分析結果が *Science* 誌（Nakagawa, et al., 2003[20]）に掲載されると、中川 毅氏がイギリスのニューカッスル大学講師に呼ばれた。私の弟子と言うにはおこがましいほどに彼は優秀で、四〇歳のときにはもうニューカッスル大学の教授になっていた。

しかも、そこが地理学教室であったことが私にはうれしかった。海外の研究者で交流が深まった研究者はほとんどが地理学者ないしは地理的素養を持った研究者だった。日本の地理学者からは評価されなくても、海外の地理学者はちゃんと見ていたのである。

私の自然と人間の関係の研究は日本の地理学者には理解されなかったが、海外の地理学者には共感をもって受け入れられた。二〇〇六（平成一八）年にはスウェーデン王立科学アカデミーの会員になった。

ノーベル物理・化学・経済学賞を選考するこのアカデミーの会員になったことは、私の学問が国際的にも評価されたことを意味する。二〇〇七（平成一九）年には紫綬褒章もいただき、国内でもそれなりの評価をいただいた。

二〇〇一（平成一三）年にはクラフォード賞の候補にもなった。しかしクラフォード賞がなんたるかも知らなかった私は「候補になったのでストックホルムに来て講演するように」というアーリング・ノルビー博士（図1‐5中の右）（スウェーデン王立科学アカデミー事務局長 当時）（図1‐5中）からのメイルもほったらかしにしていた。なぜならそのメイルの最後の方は文字化けもしていたからである。

当時、長江文明の探求で超多忙だった私は、中国からの帰路なにげなく機内で新聞を読んでいたら、ノーベル財団ノルビー博士来日記念講演という記事が顔写真つきで大きく掲載されていた。

そこで事態の重要さを知った私はさっそくストックホルムに返事をだし季節も遅れた二〇〇一（平成一三）年一一月の寒い日にストックホルムで講演を行った（図1‐5上）。講演の後、晩さん会もあった。当時はアカデミーの会員は食事がおわるとその食事代まで支払われて帰られた（その習慣は今はなくなった）。当時は天文学もノーベル物理学賞には入っておらず、もうひとりのクラフォード賞の候補は天文学のアメリカ人だった。

クラフォード賞はノーベル賞に比べると「たいしたことはない」とその頃は思っていた。二〇一四（平成二六）年にイスラエルの死海の年縞《ねんこう》を一緒に研究しているヘブライ大学モティ・スタイン教授に「年《ねん》縞《こう》でクラフォード賞もらったらどうだろうか」と言ったら、「とんでもないあの賞はノーベル賞と同じくきわめてレベルの高い賞だから、我々では無理だ」という答えが帰ってきた。

**図 1-5　2001 年ストックホルムのスウェーデン王立科学アカデミーにて**

上：講演中の筆者.（撮影　安田恵子）
中：筆者と E. ノルビー博士（右）.（撮影者不明）
下：ノーベル賞を発表する部屋に飾られたスウェン・ヘディン博士の肖像画の前.（撮影　B. ベルグルンド）

たしかに、クラフォード賞はノーベル賞にない分野の人々がいただく賞であり、四年ごとに私たちの分野は回ってくる。日本人もその後、大阪大学や国立遺伝学研究所の方が受賞された。私の四年前の候補はデンマークのウィリー・ダンスガード博士だった。ダンスガード博士は、一九九三（平成五）年にグリーンランドの氷床の年層の酸素同位体比を世界で初めて解析し、過去二五万年間の気候変動を解明したことによってクラフォード賞を受賞した。

日本人はノーベル賞は良く知っていて、ノーベル賞の候補になると大騒ぎするが、クラフォード賞については殆ど知らない。しかし、ヨーロッパではクラフォード賞はノーベル賞に匹敵する学術賞として、高い評価が与えられているのである。

## 三　自然と人間の関係の科学の復権

### フンボルト博士とヘディン博士にあこがれた

ベルリンにあるフンボルト大学の客員教授として招聘されたとき、まっさきに見に行ったのは、正面玄関にあるフンボルト博士（図1‐4）の彫像だった。クラフォード賞の候補に選ばれたとき、ストックホルムの王立科学アカデミーでの講演の後、記念写真を撮ったのはノーベル賞を発表する部屋に飾られたスウェン・ヘディン博士の肖像画の前だった（図1‐5下）。フンボルト博士は近代地理学の父と言われ、中南米の探検を行った。ヘディン博士は中央アジアの探検を行ったスウェーデンを代表する地理学者だった。二人とも若い頃に私があこがれた地理学者だった。

私は研究者としての人生の出発において、地理学を学び地理学者になることを夢みて研鑽した。学生時代に学んだことは、その後の一生の学問の在り方を決めると言っても過言ではない。私のものの考え方や見方は、二〇代前半に学んだ地理的な物の見方や考え方に大きく支配されていた。

### 中心地論の盛衰に見る地理学理論の軽薄短小さ

私の地理学者としての人生は、中心地論者や、自然と人間の関係の研究を排斥する地理学者と闘うことでもあった。

これは拙著（安田・高橋、二〇一七[21]）でも書いたことだが、ひさしく地理学を離れていた私は、中心地論は地理学の中でいまだ大きな役割を果たしているとばかり思っていた。なぜなら当時、中心地論のリーダーだった先生方はいまも現役教授であり、ご存命で、日本地理学会のリーダー的存在だからである。

ところがもう中心地論は過去の遺物になっていたのである。二〇一四（平成二六）年に高橋 学立命館大学教授とチリを旅したとき、高橋 学教授が「いいかげんに中心地論の批判はやめてください。地理学の研究者で中心地論をやろうという若者はもう一人もいませんよ」と言って忠告してくれたのである。そして人文地理学事典（人文地理学会編、二〇一四[22]）のコピーを渡された。なんとそこには私が主張してきた文明論や環境史の研究、さらには風土の研究などまさに「自然と人間の関係の研究」が重要な研究課題として取り上げられていたのである。

それにしても中心地論が隆盛し、衰亡し、そして地理学の中から忘れられていくのを、自分が生きている間に見つめ体験しなければならなかった研究者の気持ちを思うと胸が詰まった。「いい人」であったがゆえによけい胸が痛んだ。その宣教師のような教えに傾倒し、自分がまだ現役教授のうちに、中心地論が地理学から忘れられていく体験をしなければならない地理学者の気持ちを思うと、なおさら胸が痛んだ。

中心地論の盛衰に代表されるように、地理学理論がかかえた問題には理論の軽薄短小さがある。現代の地理学衰退の根本現因はここにあるのではないか。自分が一生をかけた学問が潰え、過去のものになる。それどころか自分が現役の教授である間に忘れ去られる。私だったら堪えられないし、ショックである。自分には未来を見通す目がなかったということになるからである。

## 新しい時代を創造する「いい人」と「悪い人」

私が地理学者になることを目指していた頃は、「自然と人間の関係の研究など過去のもので、古臭い地理学だ」と言われた。それが「自然と人間の関係の地理学」(安田・高橋、二〇一七[21])として、形を変えて若い後継者によって、復活してきたのである。これも拙著(安田・高橋、二〇一七[21])で書いたことだが、かって鈴木秀夫先生(鈴木、一九七六、一九七八、二〇〇〇[23])に対して批判を言われた方が、いまでは鈴木秀夫先生と類似したことを言っておられる。確かにそうした方は人間的には「いい人」だったが、「自分の主張すべき信念がない人だなあ」と思う。そしてその人たちが行った学問と、その人たちが選んだ後継者を見れば、その人たちの研究者としてのレベルがわかる。一流の学問ができない人が、一流の後継者を選べるはずがない。

「いい人」だと思っていた人が、本当は第二次世界大戦後の日本の地理学を衰亡させた「悪い人」「信念のない人」「付和雷同する人」だったのではあるまいか。そして「悪い人」だと思っていた人が、本当は先見の明があり、地理学の未来の発展を見通せる「いい人」だったのではあるまいか。

私は「安田君は組織人としてはダメだね」とよく言われた。しかし、今ある組織にこびへつらう人は、今ある組織以上のことができないのではないか。日本の地理学が奈落の淵に立ったとき、はじめてその人の存在意義が見えてくるのではないか。

「いい人」は自分の主張すべき確たる信念がない故に、世の中が変わるとそれにあわせて付和雷同する。それは一見誰の意見も聞いて、おだやかで「いい人」のように見える。だがそれは確たる信念がないが故である場合が多い。だからこれまでの「いい人」からは、百年以上続く地理学理論は生まれなかったのではないか。

## 文理融合の科学を目指して

「自然と人間の関係の地理学こそが地理学の王道だ」と主張され続けてきたのは日下雅義先生（日下、一九七三(24)）だった。私は二〇一四（平成二六）年四月から立命館大学環太平洋文明研究センター長として、立命館大学に着任することになった。それを機会に立命館大学地理学教室の自然と人間の関係を重視する地理学の伝統を、あつかましくも再興したいと思った。

第二次世界大戦後、多くの地理学理論が花火のように打ち上げられ、そして消えて行った。無能な人が打ち上げる花火だからたいしたことはない。それは、自らの世界観・自然観に自信をなくした戦後の日本人がたどった悲しい魂の彷徨でもあったように私は思う。

戦争に負けることが、これほど自国の文化や文明に精神的ダメージを与えるものなのか。これまで述べてきたように、私が地理学者になることを目指していた頃、隆盛をほこっていたのは中心地論だった。だがその中心地論は、今や地理学の中では、学説史の中でしか語られない、過去の理論になってしまっていたのである。

今、やっと「地理学本来の目的に地理学者たちがめざめはじめた」と言うのが、私のいつわらざる気持ちである。

## 花粉分析と地理学

私は地理学者としては苦労したが、私の後継者たちには実に優秀な若者が多く、私が主張してきた自然と人間の関係を研究する地理学は、これら若い研究者たちによって、受け継がれ大きく発展していくであろう。

私が花粉分析をはじめた頃は、よく批判された。しかし今では、私とその弟子以上に花粉分析の信頼できるデータを出せる人はいなくなったし、国際誌のエディターやエディトリアル・ボードとして、国際的にも評価され活躍している。

特に福井県水月湖で最初に私が発見した年縞《ねんこう》は、画期的な進展を環境史の世界にもたらした。今では私の弟子とその仲間たちによる水月湖の年縞《ねんこう》研究から明らかになった時間軸が、世界の標準になるまでになっている（Ramsey,et al., 2012,[25] 中川、二〇一三[26]）。

しかし、この花粉分析の面白さを最初に学んだのは、地理学者の千田 稔氏のステッペンハイデ説（千田、一九七〇[27]）の紹介であった。花粉分析の研究を歴史地理学に導入された意味において、千田 稔氏の業績は高く評価される。

千田 稔氏はその後、花粉分析の研究を止められ、条里の地割などの解析の歴史地理学的研究に転向された。もちろん、そこでもすばらしい研究成果（千田、一九九一[28]）を出された。しかし、もし千田 稔氏が花粉分析の研究を継続しておられれば、もっともっとすばらしい研究ができたのではないかと思うのだが、まことに残念である。

## 難波津についての研究

千田 稔氏は河内平野の難波津についての研究（千田、一九七四(29)）も行われていた。古代の難波宮の港町、難波津の位置を、現在の三津寺町に比定された。それは堂々たる説で、千田説＝三津寺町説として定着した。

これに対し、日下雅義先生は、難波宮から二五〇〇メートルも離れた三津寺町に港をつくる必然性はないと反論され、その位置を天満砂州と「難波堀江」が交わるあたりのラグーンを利用したところに、古代の「難波津＝難波三津」があったのではないかと指摘された（日下、一九八〇、一九九一、二〇〇〇(30)）。それに対して、千田 稔氏はするどい反論と批判を展開された（千田、一九八四(31)）。

私はたまたまその千田 稔氏の日下論文への反論をいち早く拝見することになった。それは広島大学教授であった小野忠熙先生の退職記念論文集（小野、一九八四(32)）の編集を担当していたからである。もちろん私には千田説と日下説のどちらが正しいかを議論する能力など、もうとうない。しかし印象的だったのは、千田 稔氏の堂々たる反論ぶりであった。自信に満ち溢れた千田 稔氏の反論にたいし、日下雅義先生の指摘はどこか線がほそかった。

小泉武栄氏（小泉、二〇一四(33)）が、鈴木秀夫先生と私の地理学を評価いただいたときも、「安田の強気で喧嘩早い人間性が災いしているのかもしれない」というご指摘をされている。それを拝見して、そのご指摘だけはまちがっていると思った。私自身は短気だとは思うが、強気で喧嘩早いと思ったことなど一度もない。だいいち地理学者と喧嘩したことなど一度もない。

そんなに堂々と自分の意見を言えるほど強気で自信に満ち溢れていたら、一五年もの間、広島大学で教務員と助手などしているわけがない。むしろだまって自分の専門を「環境考古学」に変更し、地理学者と争うことをさけていただけである。

もちろん、地理学会で評価されなくても、自分が正しい、これが地理学の王道だと思う「自然と人間の関係の科学」の重要性は、いまも主張し続けているが（安田・高橋、二〇一七[21]）。

日下雅義先生は、難波津の位置は、天満砂州と「難波堀江」が交わっているあたりのラグーンを利用した所だと指摘されていた。古代の「難波津＝難波三津」が現代の高麗橋付近であり、この地が国際港として重要な位置をなしていたのではないかということをはっきりと記載されていた。しかし、その説を堂々と声高に主張されることはなかった。しかし、その日下雅義先生の説が今や『地形からみた歴史』講談社学術文庫（日下、二〇一二[34]）として再刊され、世間で広く認められ、長らく語り継がれることになったのはうれしいかぎりである。

## 自然と人間の関係の科学の再興に向かって

日下雅義先生（日下、一九七三[24]）はこう言っておられる「人間と自然環境との対話をはからない現代のような地理学は、必ずや一つの体系を持った科学としての生命を閉じるであろう」と。私はその一文に対して、一九九九（平成一一）年の段階（安田、一九九九[2]）で、「残念ながら現代の地理学は日下のこの予言のようになってしまった」と述べている。

地理学の師として仰いだ能 登志雄・保柳睦美・鈴木秀夫・日下雅義らの諸先生の学問の潮流は、「地理学の中では大きな流れを形成することができなかった。それはまことに惜しいことである。」（安田、一九九九(2)）と述べている。

私は仕方なく現代の地理学にかわって、自然と人間の関係を歴史的に研究する分野を「環境考古学」として位置づけ、自分の専門分野とした。それでも地理学をやはり捨てきれずに、自分の専門は地理学・環境考古学専攻とした（安田、一九九二(2)）。

当時は中心地論を主軸とする日本の地理学会は、まだまだ元気であり、どちらかと言えば負け犬の遠吠えのような形で、自分の専門を「環境考古学」にした記憶がある。

だがそれから二〇年以上の歳月が過ぎ去り、「人間と自然環境との対話をはからない地理学」は日下雅義先生（日下、一九七三(24)）の指摘のように、本当にどうしようもないところにまで追い詰められ、今や破滅の淵に立たされ、一つの体系を持った科学としての生命さえ閉じはじめようとしているのではないか。

そのとき、地理学や関連科学を専攻する若い研究者（宮本・野中、二〇一四(35)青山ほか、二〇一四a、二〇一四b(36)、中川、二〇一五・二〇一七(37)）が立ちあがったのである。未来を担う若い研究者の中から、「自然と人間の関係の科学」の重要性が指摘されるようになったのである。

心に傷を抱え、どこかおどおどして自信がなく、自分よりも他人のすばらしさに圧倒され、自己否定に陥った心の傷を抱えた人間。しかし、うつ病のような心の病にかかることもなく、健康な精神を持った人間。その人間が、世界に対して主張できることは、自分以外の他者の持つ価値を認め、畏敬し、その他者との共生・融和をどのようにすればできるかを考えることができる力である。負け惜しみだが、それはスーパーエリートになれなかったが故に、自信を持つことができなかったが故に、なし得る得意技でもあるように思う。

## 他者を敬い畏敬するたくましい心の再認識

自己否定に陥ったがゆえに、他者の幸せ、自然の大きさすごさを実感でき、自然と人間の関係の研究に関心を持つことができた。そして才気活発ではなく、愚直で朴訥であるがゆえに、やりはじめたことは最後までやり通す力強さ、ねばり強さを持っている。

オールマイティな覇者にはなれないが、一つの分野のエキスパートには確実になれる。それが得意技ではないか。他者の存在を認め畏敬しながら生きる雑草的たくましさは、近年企業でも評価されるようになった。頭脳が明晰であることよりも大切なことは、まず精神的なたくましさ、心の強さである。他者の存在を畏敬し、共生できる心身の健康である。これがなければ、いくら頭が良くても宝の持ち腐れである。

## 新たな時代に向かって

重要なことは世界の国々の地理的情報である。私は『朝倉世界地理講座：大地と人間の物語　全一五巻』（立川・安田、二〇〇六[38]）を刊行中だが、総勢五〇〇人以上の執筆者による全世界の考古・歴史からはじまって、それぞれの国と地域の社会・政治・経済に至るまで、最新の情報が網羅されている。

一巻が一万六〇〇〇円以上もする大部の講座であるにもかかわらず、大半の巻が再版になるほどの売れ行きである。

こんなグローバル化の時代で、かつ災害の多発する時代に、「自然と人間の関係の研究」がもっとも必要とされている時代に、地理学が低迷することなど本来はありえないと思うのである。

時代は自然を一方的に収奪する「物質エネルギー文明」追従の時代から、確実に生きとし生けるものとともに、千年も万年もこの美しい地球で生き続ける、新たな「生命文明の時代」へと舵を切りはじめている。自然を一方的に収奪する「物質エネルギー文明」の理論に追随し、自然観や歴史観はては空間認識まで欧米人の理論を導入して解釈するような時代は、もう終わったのである。中心地論の衰退がそのことを端的に物語っていたではないか。

大海原に新たな文明の時代を切り開く舵をとれるような人間は、雑草的たくましさを持った人間の中から必ず生まれてくる。それは学問の世界も同じである。我々はそうした後継者を育成しなければならない。その一つが「自然と人間の関係の科学の復権」であることはまちがいないだろう。

## 引用文献および注

(1) 安田喜憲：『環境考古学への道』ミネルヴァ書房　二〇一三年
(2) 安田喜憲：『日本文化の風土』朝倉書店　一九九二年、安田喜憲：『東西文明の風土』朝倉書店　一九九九年
(3) 村上和雄：『人を幸せにする魂と遺伝子の法則』致知出版社　二〇一一年
(4) 弘法大師空海全集編集委員会編：『弘法大師空海全集　第六巻』筑摩書房　一九八四年
(5) 稲盛和夫：『生き方』サンマーク出版　二〇〇四年

（6）安田喜憲：『気候変動の文明史』ＮＴＴ出版　二〇〇四年
（7）安田喜憲：『環境文明論：新たな世界史像』論創社　二〇一六年
（8）安田喜憲「序　新たな文明原理を求めて」安田喜憲編『文明の原理を問う』麗澤大学出版会　二〇一一年
（9）安田喜憲：「尾張国富田荘の歴史地理学的研究」立命館文学　三〇三　一九七〇年
（10）安田喜憲：「濃尾平野庄内川デルタにおける歴史時代の地形変化」東北地理　二三―一　一九七一年
（11）石田龍次郎：「明治・大正期の日本の地理学界の思想的動行」地理学評論　四四　一九七一年
（12）牧口常三郎：『人生地理学』文会堂　一九〇三年
（13）能登志雄：『気候順応』古今書院　一九六九年
（14）F.Ratzel: *Anthropogeographie.* Teil 1, Teil 2, Stuttgart, 1822, 1891.
（15）安田喜憲：「環境論の新たなる地平」月刊地理　三二　一九八七年
（16）杉浦芳夫編：『文学のなかの地理空間』古今書院　一九九二年
（17）浮田典良編：『人文地理学総論』（総観地理学講座９）朝倉書店　一九八五年
（18）永原慶二追悼文集刊行会編：『永原慶二の歴史学』吉川弘文館　二〇〇六年
（19）小田匡保：「文学地理学のゆくえ：杉浦芳夫編『文学　人　地域』はなぜ面白くないか」駒沢地理　三三　一九九七年
（20）T.Nakagawa, H.Kitagawa, Y.Yasuda, P.E.Tarasov, K.Nishida, K.Gotanda, Y. Sawai, and Yangtze River Civilization Program Members: Asynchronous climatic change in the North Atlantic and Japan during the Last Termination. *Science,* 299, 688-691, 2003.
（21）安田喜憲・高橋 学編：『自然と人間の関係の地理学』古今書院　二〇一七年
（22）人文地理学会編：『人文地理学事典』丸善出版株式会社　二〇一四年
（23）鈴木秀夫：『超越者と風土』大明堂　一九七六年、鈴木秀夫：『森林の思考・砂漠の思考』ＮＨＫブックス　一九七八年、鈴木秀夫：『気候変化と人間』大明堂　二〇〇〇年
（24）日下雅義：『平野の地形環境』古今書院　一九七三年
（25）C.B. Ramsey et al.: A complete terrestrial radiocarbon record for 11.2 to 52.8 kyr B.P.. *Science,* 338, 370-374, 2012.
（26）中川 毅：「水月湖の年縞はなぜ重要か」月刊地球号外　六三　二〇一三年
（27）千田 稔：「農耕の発生・伝播についての景観論的研究」人文地理　二二　一九七〇年
（28）千田 稔：『古代日本の歴史地理学的研究』岩波書店　一九九一年

(29)千田稔：『埋もれた港』学生社　一九七四年
(30)日下雅義：『歴史時代の地形環境』古今書院　一九八〇年、日下雅義：『古代景観の復原』中央公論社　一九九一年、日下雅義：「古代人の風景にせまる」石井進編『ものがたり日本列島に生きた人たち10』岩波書店　二〇〇〇年
(31)千田稔：「難波津補考」小野忠熈編『高地性集落と倭国大乱』雄山閣　一九八四年
(32)小野忠熈編：『高地性集落と倭国大乱』雄山閣　一九八四年
(33)小泉武栄：「自然地理学と人文地理学をつなぐ環境史研究の課題と展望」宮本真二・野中健一編『自然と人間の環境史』海青社　二〇一四年
(34)日下雅義：『地形からみた歴史』講談社学術文庫　二〇一二年
(35)宮本真二・野中健一編：『自然と人間の環境史』海青社　二〇一四年
(36)青山和夫・米延仁志・坂井正人・高宮広土編：『文明の盛衰と環境変動』岩波書店　二〇一四a年、青山和夫・米延仁志・坂井正人・高宮広土：『マヤ・アンデス・琉球：環境考古学で読み解く敗者の文明』朝日選書　二〇一四b年
(37)中川毅：『時を刻む湖』岩波科学ライブラリー　二〇一五年、中川毅：『人類と気候の10万年史』講談社ブルーバックス　二〇一七年
(38)立川武蔵・安田喜憲監修：『朝倉世界地理講座：大地と人間の物語　全一五巻』朝倉書店　二〇〇六年〜刊行中

# 第二章　風土と宗教

ニュージーランド，マオリの人々がつくった
ダブル・スパイラル（撮影　安田喜憲）

# 一　超越的秩序の宗教と現世的秩序の宗教

## 超越的秩序の宗教

人類（ホモ・サピエンス）の宗教には、自然の生命《いのち》の輝きに畏敬の念を持ち、その自然とともに生きることに最高の価値をおく宗教がある。一方、宗教には自然を支配し、自然の上に人間の秩序を構築し、その超越的秩序に最高の価値をおく宗教もある。これまでの宗教学の常識では、前者は普遍宗教以前の、未開で野蛮な原始宗教であり、後者こそ高等宗教であると見なされていた。

宗教学が果たした大罪は、その超越的秩序を持った宗教こそが高等宗教であると断じたことである。これによって、自然の生命《いのち》の輝きに畏敬の念を持ち、生きとし生けるものとの共存の世界に最高の価値をおく宗教は、未開・野蛮の烙印を押された。その宗教の果たす地球の生命世界と人類の幸福に対する役割は、長らくかえり見られることがなかった。超越的秩序の宗教こそ高等宗教だとしたのはカール・ヤスパース博士（一八八三～一九六九）である。ヤスパース博士は、文明とよべるのは超越的秩序としての巨大宗教や哲学を持った「枢軸文明」だけであると指摘した（ヤスパース、一九六四(1)）。その代表がユダヤ・キリスト教のイスラエル文明、ギリシャ哲学のギリシャ文明、仏教のインド文明、儒教の中国文明だ。それは伊東俊太郎先生（伊東、一九八五(2)）のいう精神革命をなしとげたところでもある。

伊東俊太郎先生（伊東、一九八五(2)）はこうした精神革命をなしとげたところは、古代の都市革命の誕生地に相当しており、これらの超越的秩序の宗教は、都市文明の成熟を背景として成立したと指摘した。したがって、ヤスパース博士や伊東俊太郎先生の説を逆説的に解釈すれば、超越的秩序の宗教を生み出す精神革命を体験しなかったところでは、都市文明は誕生しなかったことになる。たしかに、日本や東南アジアさらに中南米の諸国は、こうした超越的秩序の宗教を生み出す精神革命を体験しなかった。だから古代の都市文明も、誕生しなかったというのが、これまでの文明史の通説だった。

日本や東南アジアさらに中南米の諸国は、何を重視したのか。彼らは超越的秩序の宗教より現世的秩序の宗教を重視した。だがこれまでの文明史や宗教史の通説では、現世的秩序の宗教は超越的秩序の宗教に比べると、不完全で劣等であり汚れたものであると見下されてきた。このため超越的秩序の宗教を生むことなく、現世的秩序の宗教のみにこだわった地域においては、「枢軸文明」は誕生しなかったと言うのである。

ヤスパース博士やシュメル・ノア・アイゼンシュタット博士（一九二三〜二〇一〇）（アイゼンシュタット、二〇〇四(3)）の文明論では、現世的秩序の宗教は不完全で劣等で邪悪で汚れたものと見なされた。その代表がアニミズムだった。この猥雑で卑劣なアニミズムの現世的世界は、より高度な存在論的秩序、倫理的秩序の原則にしたがって再構築される必要がある。それが超越的秩序の宗教であり、それをなしえたもののみが、文明の資格たり得ると言うのである。

このヤスパース博士の「枢軸文明論」やアイゼンシュタット博士の説をまつまでもなく、これまでの多くの欧米の文明論が「超越的秩序の宗教を持つもののみが文明である」という説を肯定してきた。それゆえ、現世のあるがままを肯定し、その「現世的秩序に最大の価値をおく人々」は文明を構築しなかったと長らく見なされてきたのである。

日本の宗教学者もごたぶんにもれずこの欧米文明の権威者の説を鵜呑みにした。だが、いまや宗教学者が欧米の権威の衣をまとって、原始宗教という烙印を押したアニミズムの世界こそが、この地球環境と人類の危機の世紀に、よみがえらなければならないのである。そうしなければ、現代の宗教では、この地球も人類も救えない事態に至っているのである。

いや宗教学者自身がこれまでの誤りを認めなければならないのではないか。生命《いのち》の輝きに畏敬の念を持ち、生きとし生けるものとともに調和的に生きるアニミズムの世界こそが、実は人類（ホモ・サピエンス）とこの地球を救済できる可能性を秘めた世界観であることを認めなければならないのではないか。これまで宗教学者が高等宗教と見なしてきたものは、砂漠と乾燥地帯という特殊な風土の下で誕生した人類（ホモ・サピエンス）の一つの思考形態にすぎないという世界観を持つ必要があるのではないか。なぜなら二一世紀初頭の現代、この砂漠で誕生し、現世的秩序の宗教を不完全で劣等なものと見なし、超超的秩序の宗教を持ったもののみが文明であるという考えが、テロリズムを引き起こし、核戦争を引き起こし、地球環境を破壊し続けているからである。

## キリスト者の罠

超越的秩序の宗教を持ったもののみが文明であると主張する文明論の背景には、超越的秩序としてのユダヤ・キリスト教こそが最高の価値を持った文明を生みだし得たと言う、イスラエル人の独善と、そのキリスト教を崇敬するヨーロッパ人の独善、さらにはアメリカのネオコン（新保守主義）や宗教右派、ドナルド・トランプ大統領に代表される「キリスト原理主義者」の罠があることを見抜かなければならない。アイゼンシュタット博士はイスラエルのヘブライ大学の教授であったし、ドイツのヤスパース博士も敬虔なキリスト教徒であった。

ヤスパース博士の「枢軸文明論」もアイゼンシュタット博士の文明論もユダヤ・キリスト教の文明、超越的秩序としてのキリスト教が生み出した文明こそが最高の価値を持つ文明であるという独善に裏づけられた文明論である。その文明論には「キリスト者の罠」がしかけられていたのではないか。にもかかわらず、多くの日本の文明論者や宗数学者はそれを見抜くことなく「枢軸文明論」を金科玉条のように紹介してきた。

だが超越的秩序とは人間のかってな妄想である。ある特定の風土の下で生まれた妄想を人類の普遍的救済原理であると考えることに、そもそも問題があったはずである。それだけではない。この妄想としての超越的秩序を最高のもの、文明のシンボルであると見なすヤスパース博士やアイゼンシュタット博士の文明論は、自分たちの欲望を貫徹するために仮想敵をでっちあげ、妄想としての世界秩序を力ずくで強要することを容認し、間接的に支援したのではないか。

## 超越的秩序の宗教を生んだ砂漠

鈴木秀夫先生（鈴木、一九七六、一九七八(4)）が最初に指摘したように、超越的秩序の宗教を構築した最初の人々は砂漠とその周辺で暮らす畑作牧畜民だった。

生命《いのち》の輝きのない砂漠の風土では、人間以外の他者の生命《いのち》に出会うことはまれである。しかし、人間の生命《いのち》は他者の生命《いのち》との交換・交流なくしては輝くことはできない。

図 2-1　エジプトのスフィンクスとギザのピラミッド（撮影　安田喜憲）

図 2-2　乾燥したエジプトの砂漠とピラミッドの遠景（撮影　安田喜憲）

図 2-3　シリアの砂漠で祈る人（撮影　安田喜憲）

その生命《いのち》の交換・交流のために人間が考え出したのが超越的秩序であった。なぜなら砂漠では人間の思考、いや妄想こそが、唯一、他者の生命《いのち》とのやり取りを可能とするものにほかならなかったからである（図２‐１、図２‐２、図２‐３）。

砂漠の夜、砂嵐が止むと、あたりは静寂の世界となる。そのとき天上にキラキラと輝く星だけが生命《いのち》ある他者と思えるのは当然のことである。その天上の世界と自らの生命《いのち》の交換をするために、人々は超越的秩序を妄想した。なぜなら、人は自らの生命《いのち》と他者の生命《いのち》との交換があってこそ、生命体として生きる喜びを得ることができるからである。

砂漠でそれを可能とするのは人間の抽象的思考つまり妄想であった。神がまたたくまにこの複雑な生命世界を創造するというのも砂漠ならではの妄想である。砂漠のこの共同幻想こそ、「砂漠の民」を人間たらしめ、生きる力を与えるものにほかならなかった。

その砂漠の縁辺で誕生した牧畜と麦作農業の結合によって誕生した畑作牧畜文明は、農耕地を拡大することによって生産性をあげることができた。それゆえ森は破壊され農耕地になり、農耕地にできないところは牧草地となって、激しい森の破壊が引き起こされた。ユートピアを求めた畑作牧畜民が、森を破壊し尽くし、この地上のユートピアを逆に破壊してしまうのはそのためである。

拡大こそ畑作牧畜民の文明のエートスであり、発展の原動力であった。家畜をコントロールするためには力が必要だった。畑作牧畜民は力によって拡大のエートスを持つ文明を推し進めたのである。それは男中心の「力と闘争の文明」（川勝・安田、二〇〇三[5]）にならざるを得なかった。

力による拡大を正当化するためには、大義名分が必要だった。超越的秩序の宗教はそうした拡大のための大義名分として格好のものとなった。超越的秩序の宗教は力で拡大する畑作牧畜文明の形而上学的・倫理的サポーターとなったのである。

## ハンチントンの二重の罠

畑作牧畜民はいつ敵と出会うかもしれない。「力と闘争の文明」に生きる彼らの生き方は、きわめて戦略的にならざるを得なかった。だからいつの時代にも、こうした「力と闘争の文明」の傲慢をサポートする学説が必要であった。ヤスパース博士の「枢軸文明論」は「キリスト者の罠」であった。同じようにサミュエル・ハンチントン教授の「文明の衝突」の学説（ハンチントン、二〇〇〇[6]）は仮想敵をつくらなければ内部がまとまらないという多民族国家の病理を抱えたアメリカにとっては、うってつけの学説であった。こうしてアメリカは「ハンチントンの罠」に引っ掛かったと松本健一氏（松本、二〇〇三[7]）は指摘している。

かつて第二次世界大戦のとき、エルスワース・ハンチントン博士（ハンチントン、一九三八[8]）の「気候と文明」説も、熱帯地域への侵略の口実に巧みに利用された。

刺激性気候の度合いが大きいほど高度の文明が発展する。年中灼熱の熱帯地域の人々は刺激が少なく、愚鈍で放縦であり、文明段階に達していないとエルスワース・ハンチントン博士は指摘した。その説は、四季の明瞭な温帯地域の欧米列強の白人や日本人に侵略戦争の口実を与えることになった。愚鈍で放縦な熱帯地域の人々を未開と野蛮から解放するという口実の下に、熱帯に侵略し、その資源を奪い取った。

まことに偶然ながら、同じハンチントン姓を持つ二人のハーバード大学と関連する人によって提唱された文明論の罠に、アメリカは二度も引っ掛かったことになる。それは「ハンチントンの二重の罠」であった。

いや、引っ掛かったというより、それはアメリカが抱える内なる文明の病理がそうさせたのである。拡大を止めることのできない、仮想敵をつくり続けないと生き残れない「力と闘争の文明」の闇が、大義名分となる理論的サポートを必要としていたのである。だから二人のハンチントンの学説を口実に「ハンチントンの二重の罠」をしかけたのである。

そして、日本の知的エリートの多くがこの罠にみごとに引っ掛かった。おそらく多民族国家アメリカが存在するかぎり、これからも第三・第四のハンチントンが生まれ、アメリカは罠をしかけてくるにちがいないと私は思うのである。

ヤスパース博士の「枢軸文明論」は西洋文明の拡大と優位を擁護し、エルスワース・ハンチントン博士の「気候と文明」は第二次世界大戦の侵略戦争を正当化し、サミュエル・ハンチントン教授の「文明の衝突説」はまさにアメリカの力による拡大を擁護するための文明の罠だったのである。

## 現世的秩序の宗教

超越的秩序を持つ宗教は、キリスト教・イスラム教の一神教に代表された。キリスト教のシンボルである十字架は、人間が考えだしたもの。神の国―これも、人間が考えだしたもの。超越者もまた、人間が考えだしたもの。十字架こそ、超越的秩序のシンボルなのである。

これに対し、キリスト教の聖者が踏みしめているドラゴンこそ、現世的秩序のシンボルである（安田、一九九七(9)）。この超越的秩序の宗教をもって、現世的秩序を弾圧していく。それがこれまで当然のこととして容認されてきた。多くの宗教学者もそれを容認した。なぜなら現世的秩序を持つアニミズムは、邪悪で猥雑で卑猥であるという考えが世界を支配していたからである。

生きとし生けるものに等しい生命《いのち》の価値を認め、現世的秩序に最大の価値をおくアニミズムの世界は、超越的秩序を重視する「枢軸文明」よりも劣ったもの、邪悪なもの、文明段階以前の野蛮なものとながらく欧米世界では見なされてきた。そして、それを日本の宗教学者も鵜呑みにした。

それはまた森の破壊と軌を一にしていた。森は生命《いのち》で満ちあふれ、森の生命《いのち》は季節の移ろいに応じて、再生と循環を繰り返している。森の中に暮らす人々は、目の前の森の生命《いのち》の多様性を認識するのがやっとで、妄想などにひたっている暇はなかった。目の前には千年を生きた巨木がある。その生命《いのち》の大きさに圧倒されて、妄想などしてはおれない。森に生きる人々は、目の前の生命《いのち》の輝きから目をそらすことができなかった。

奈良県の大神《おおみわ》神社の拝殿の裏には、じつは何もない。三輪山《みわやま》という山しかない。私たちは何を拝んでいるのか。この神社の拝殿の裏にある三輪山を拝んでいるのである。山や森・磐座《いわくら》を拝んでいるのである。それは森の中の動物たちの生命《いのち》、生きとし生けるものの現世的秩序が、きちんと保たれて永劫に続くようにと願って拝んでいるのである。現世的秩序が、この地球の中で永劫に続くようにと願って、私たちは拝殿で手を合わせるのである。

「草木国土悉皆成仏」

それは生きとし生けるものが共存するこの現世的秩序のあるがままを肯定し、生きとし生けるものの生命《いのち》が輝くこの現世こそが、最大の楽園であるとみなす思想である。それは人間以外の生命《いのち》の輝きと生命《いのち》の相互の交換によって、はじめて人間は生かされることを説く思想である。

空海は晩年の『勝道碑文』の中でこう述べている。

「山は高くそびえ、水は澄みわたっている。美しい花は燃えるように輝き、珍しい鳥が美しい声でないている。大地から洩れ出るような谷川のせせらぎ、天空をわたる風の音は、まるで筑や箏が奏でられているかのようだ。人の世にこのようなものがあるだろうか。神々が住むという天上にこのようなものがあるだろうか」(竹内、一九九七(10))と。

この現世的秩序を代表する森は、人間が考えだした超越的秩序としての天上の世界よりもはるかに美しいと空海は述べているのである。天国よりもこの世の森は美しいと述べているのである。それは超越的秩序を備えたもののみが文明たりうるという欧米の思想とは、真っ向から対立する思想である。最澄や空海においては、生きとし生けるものの生命《いのち》が光輝くこの世こそが、天国であり極楽なのだ。それが現世的秩序の文明の根幹を形成する地球生命倫理なのである。

## 日本人の宗教

日本人は「現世的秩序の文明」を育んできたのである。しかし、これまでの人間中心主義に立脚した文明論では、こうした現世的秩序を重視する世界は野蛮で劣悪なものと見なされてきた。超越的秩序を持たない社会は不完全で、邪悪で野蛮であると、日本の研究者さえ見なしてきたのである、多くの日本の文明論者は、ヤスパース博士の「枢軸文明論」の説にしたがい、日本には文明が存在しないことを、日本人自身が認めてきたのである。

だがそれは大きな間違いだった。日本人は「超越的秩序の文明」ではなく、それとはまったく異質の「現世的秩序の文明」を発展させてきたのである。アイゼンシュタット博士もそのことにはうすうす感づいていたようで、「日本だけは例外で唯一現代にいたるまで持続的・自立的に波瀾に満ちた歴史を持つ」（アイゼンシュタット、二〇〇四（3））と指摘している。

もちろんそれが「現世的秩序の文明」であるとまでは認識できていない。その「現世的秩序の文明」の存在を発見したのは最澄や空海である。日本は「現世的秩序の文明」なのである。

## 現世的秩序の叡智

現世的秩序はこの地球が存在し続ける限りあり続ける。現世的秩序は半永遠である。現世的秩序を重視する宗教は、自然への畏敬の念を基本とし、現世のあるがままの美しさを肯定し、その叡智に学ぶ。現世的秩序を重視する宗教は、目の前のあるがままの存在を肯定し、そこに最大の価値を置く。この地球上にある生きとし生けるものの生命《いのち》が輝くそのあるがままの姿は、事実であり真実である。目の前にある山、そしてそこに生える木、森の中でとびかう小鳥、水田のカエルの鳴き声は事実であり真実である。それを形而上学的・倫理学的に加工し、空想や幻想の物語を語るのではなく、そのあるがままの姿、あるがままの現世的秩序の叡智に学び、その生命《いのち》の輝きの中で自らも生き、生命《いのち》の交換をすることに、私たちは最大の価値をおいてきたのである。それは「生命文明」(渡辺、一九九〇(11)：大橋、二〇〇三(12))と呼ぶことができるものである。あるいは山折哲雄先生(山折、二〇〇三(13))のように「万物生命教」と呼んでもよい。

現世的秩序を否定することは人間存在そのものを否定することにつながる。それゆえ、人類(ホモ・サピエンス)がこの地球上に生き続ける限り、地球が存在する限り、現世的秩序の宗教はなくならない。とりわけ地球環境問題の出現とキリスト教とイスラム教の衝突によって、この現世的秩序を重視する文明や宗教はその存在の重要性が注目されるようになった。人間の思い上がった空想や幻想、人間の幸福のみを追求した思想では、もはや人間自身がこの地球上で生き残れないことが見えてきたからである。

幻想や空想から生まれた超越的秩序の宗教が、人間を幸福にしている間は、その超越的秩序はあたかも絶対普遍の真理のような輝きを持つ。ところがその超越的秩序が社会や人間の要請にあわなくなったとき、それは簡単に見捨てられる。その代表が、人類平等のユートピアを目指した宗教としての共産主義社会理論であろう。現代社会を支配している市場原理主義も、自由と民主主義でさえも、人間の空想・幻想の産物である以上、いずれは終わりのときがやってくることを忘れてはなるまい。

現世的秩序を重視する「アニミズム原理主義者」にとって信じるに耐え得るものとは、人間の妄想によってつくりあげられた仮想の神の国や仮想敵などではない。今、目の前にあるこの地球に生きる生命《いのち》あるものの現実世界こそが、真に信じるに耐え得る存在なのである。

## 宗教的幻想が人類を破滅させる

超越的秩序の宗教とは人間の空想の産物・幻想の産物にほかならなかった。その幻想や空想が新しい時代を創造したことは事実であるが、同時にその幻想や空想に振り回されて人間はいくつもの不幸や悲劇を体験した。そして今そのマイナス面が強調されようとしているから問題なのである。

その一例がキリスト教という超越的秩序を布教するという名の下に、マヤ文明やインカ文明を滅ぼしたスペイン人やポルトガル人の行った行為である。そしてアメリカは自由と民主主義という超越的秩序のもとに、アフガニスタン戦争、さらにはイラク戦争を引き起こした。

スペイン人は黄金がほしかっただけである。アメリカの本音は自国の経済活性化であろう。しかし、その本音をあらわにすることはできない。その本音を覆い隠し、文明の拡大と侵略の大義名分を提供したのが、この超越的秩序の宗教にほかならなかったのではないか。大東亜共栄圏もまた、明治以降、超越的秩序の文明に心酔した一部の日本人が妄想した超越的秩序だった。本来、現世的秩序の宗教である神道が、超越的秩序の宗教のまねごとをしたのが国家神道だったと私は思う。

超越的秩序を持つもののみが「枢軸文明」たりえたというヤスパース博士やアイゼンシュタット博士の文明論は、この畑作牧畜民の富を求めてやまない欲望を覆い隠し、力と闘争の文明の世界支配を擁護する理論的背景を提供しているのである。そこには「畑作牧畜民の巧妙な罠」がしかけられていることを、見抜かなければならない。「キリスト者の罠」を見抜く必要があるのである。

「キリスト原理主義者」は、頭で考えた妄想としての理想や主義主張、悪を撲滅し、善に満ちた理想の国を実現するために、仮想敵をつくりあげて闘う。彼らは自らが有利になることならどんな物語でも考える。

そしてもっと恐ろしいのは、超越的秩序に導かれた妄想の理想の国を実現するため、自らの主義主張の実現のためには、かりに人間の生命《いのち》が犠牲になってもかまわないと考えることである。

人間が妄想で考えた神の国の実現のためには、自らの生命《いのち》をなげだしてもかまわない。他者の生命《いのち》を奪ってもかまわないと考える。

そして神の国においてかならず祝福されるという妄想を抱く。

それが問題なのである。

これに対して現世的秩序を重視する人間がもっとも重視するのは、この世の生きとし生けるものの調和ある秩序であり、他者の生命《いのち》に対する畏敬の念である。

妄想の超越的秩序より、目の前にあるこの現実世界の生命《いのち》の調和ある営みに最大の価値をおくのである。

人間が頭で妄想した共産主義や自由と民主主義、イスラムの神の国、大東亜共栄圏などを理想とするのではない。この目の前にあり現実に存在する生命《いのち》ある世界こそがもっとも重い意味を持つのである。

キリスト教やイスラム教は一神教の国という幻想の世界、超越的秩序の世界をつくりあげた。それこそがヤスパース博士やアイゼンシュタット博士によれば、まさに文明のシンボルであった。この幻想によって一神教の国をつくりあげる行為は、仮想敵としての共産主義をでっちあげたり、テロリストをでっちあげる行為と根は同じである。

超越的秩序を持ったもののみが文明人で、それを持たない人間は野蛮、非文明であるというヤスパース博士やアイゼンシュタット博士の考えは、こうした仮想敵をでっちあげ、自らの主義主張に相反するものを力で叩き潰すという行為を、むしろ容認し、支援しているのである。こうした文明概念を根底的に改めないことには、世界に平和はなかなか訪れない。

キリスト教やイスラム教のように、人間の妄想の産物である一神教の神の国の到来を説く超越的秩序の宗教的行為が、現実の世界においては、一部の人間の権力欲を満足させ、物欲を満足させるために悪用されていることにも目をむけなければならない。

アメリカの新保守主義者や宗教右派の多くが「キリスト原理主義者」であり、冷戦時代には旧ソビエト連邦に悪の巣窟という幻想を与え、アフガニスタンではイスラム教徒と結託して共産主義と闘った。旧ソビエト連邦には大量の核兵器があり、それがアメリカに向けられているという幻想を西側諸国に抱かせ、共産主義は悪であるという幻想を巧みにでっちあげた。

そしてこんどは、かつてアフガニスタンでともに闘ったイスラム諸国が、悪の枢軸として仮想敵にでっちあげられた。イスラム国家が悪のテロリズムの巣窟であるという幻想をでっちあげたのもアメリカの「キリスト原理主義者」たちであった。イラクのサダム・フセインが大量破壊兵器を製造しているというデマをふりまき、人々を恐怖に陥れたのも彼らの策略である。しかし、それさえも仮想敵をでっちあげる口実にすぎなかった。

その行為は、二五〇〇年前に選民思想の下、砂漠のユダヤの民が神の国を妄想し、五〇〇年前にキリストの神の祝福を普及するためにという口実のもとで、インディヘナやネイティブ・アメリカン（アメリカ・インディアン）の人々を征服し、マヤ文明やインカ文明あるいはアメリカ・インディアンの文明を崩壊させたスペイン人やポルトガル人、あるいはアングロサクソン人の行為と何ら変わりがないのではないか。

「キリスト原理主義者」と闘う「イスラム原理主義者」もまた幻想の超越的秩序の世界に生きる人々である。神の国という幻想の世界を信じ、聖戦によって生命《いのち》を投げだしたものは、神の国にめされるという妄想を信じる人々である。自爆テロはこうした人間がつくりあげた妄想に生命《いのち》を投げ出す行為である。

はてしない復讐の連鎖が、幻想を信じる人々をたくみに操り、自分の権力欲と欲望を満足させようとする人々によって、これからも続けられるだろう。共産主義についでイスラムが仮想敵となった今、つぎにターゲットになるのは北朝鮮と中国であろう。そして多神教のアニミズムの世界に生きる私たち日本人が、ターゲットになる可能性さえある。超越的秩序の幻想を鼓舞する物語的人間は、はてしない「復讐の連鎖」を止めることができないのである。一つの敵が消えてもまた別の敵が現れてくる。いや敵をつくり続けなければその文明は持たないのである、まさに敵をつくる文明（川勝・安田、二〇〇三(5)）なのである。だが中国とアメリカが核戦争をはじめたとき。それは人類（ホモ・サピエンス）の絶滅につながることを覚悟しなければならない。

しかし、ユダヤ・キリスト教の世界からユヴァル・ノア・ハラリ教授（ハラリ、二〇一六(14)）のような人も出現している。イスラエルのヘブライ大学という一神教的な環境の中で、これだけ多神教に傾倒した考えを持ったのは傾聴に値する。ユダヤ民族はアルベルト・アインシュタイン博士といい、やはり優秀なのかもしれない。しかし、それほどに今、一神教の世界はゆきづまっているのである。

## 二　生命文明の宗教はアニミズム

### 認知科学が解明した砂漠と森の風土

超越的秩序の宗教を生んだのが砂漠という風土であり、現世的秩序の宗教を生んだのが森（図2-4、図2-5）であることは鈴木秀夫先生（鈴木、一九七八[4]）によって指摘されたことだが、では砂漠と森という風土の相違は、どのようなメカニズムによって人間の心に影響を与えるのであろうか。近年の実験心理学や認知科学、環境情報学の発展は、環境や風土の相違が人間の心、さらには健康状態にまで影響を与えるメカニズムを科学的に実証できる道を開拓しつつある。その一つが人間の心や健康に影響を与える音環境の解明である。

大橋 力先生（大橋、二〇〇三・二〇一七[12]）によれば、人間にとってもっとも好ましい音環境とは、熱帯雨林の音環境であると言う。熱帯雨林は人間が聴覚ではとらえきれない 100 kHz 以上の癒しの音、憩いの音に満ち溢れている。その森の中で人間が暮らすと、森の音環境が脳幹を刺激し、ストレスの解消や免疫力の向上など、さまざまな効果が現れるという。最近、大橋 力先生たちは快適な音環境の中では、モルモットの寿命が一五年以上も延びることを明らかにしている。100 kHz 以上の高周波を出しているのは、空海がまさに『勝道碑文』の中で感嘆した鳥の声、虫の声、谷川のせせらぎの音、葉ずれの音である。空海は「まるで筑や箏を奏でているようだ」と言ったが、その音が脳幹を刺激し、脳内神経伝達物質として必要なセロトニン・ドーパミン・βエンドルフィンなどの脳内物質の活性化に大きな役割を果たしていることが明らかとなりつつある。ガン細胞を殺すＮＫ細胞も活性化させて、体内の免疫グロプリンの量も増大させていることが明らかになりつつある。その高周波を人間は皮膚で聞いていることも判明した（大橋、二〇一七[12]）。

**図 2-4　カンボジアのアンコールトムは亜熱帯の森の中にある**（撮影　安田喜憲）

**図 2-5　アンコールトムやアンコールワットの遺跡は湿潤な亜熱帯林に覆われている**（撮影　安田喜憲）

　森の高周波をあびて、例えば脳内神経伝達物質のセロトニンが増加すると、心が穏やかになり、他者の生命《いのち》への畏敬の念をもてる慈悲の心が生まれやすいことも判明している。森の宗教がアニミズム的、多神教的な他者の生命《いのち》への畏敬の念を基本におくのは、森の環境が人間の心に影響を与えた結果なのではあるまいか。

　これに対して砂漠は静寂である。その静寂の砂漠の音環境は20 kHz以下の音に限られる。しかし、人間の生命《いのち》は他者の生命《いのち》の音に囲まれて生きることによって輝く。音のない静寂の砂漠では自らの生命《いのち》を輝かせるために幻聴や幻覚がおきる。こうした幻聴や幻覚の中で妄想したのが、一神教の神の国なのである。

　砂漠では脳内神経伝達物質のアドレナリンが増大し、人々の心は戦闘的になる。砂漠の宗教が戦闘的になるのは、砂漠の環境が人間の心に影響を与えているからなのではあるまいか。これに対し、森の中を歩くとアドレナリンとは逆のノルアドレナリンが活性化し、人々の心を落ち着かせ、穏やかにする。森の宗教が慈悲の心に満ち、砂漠の宗教が戦闘的なのは、まさに環境の相違が脳に与える影響ではあるまいか。砂漠の音環境に近いのは、私たちが日常的に暮らしている都市の音環境である。都市は人間にとっては砂漠に類似した音環境で構成されていたのである。「都市砂漠」とはその本質をついた表現だった。その砂漠や都市の音環境は、人間にストレスを与え病気を引き起こす原因ともなっている。

　この砂漠と森という音環境だけをとりだしても、大きな相違があり、森の音環境は明らかに人間にとっては快適性に満ちたものであることが確かめられている。その快適性に満ちた環境の中で暮らした人間が考え出したのが現世的秩序の宗教であり、ストレスに満ちた砂漠の音環境の中から人間が生命《いのち》の鼓動を求めて夢想したのが、超越的秩序の宗教であったのではないか。

　現代の科学は、森の音環境が人間の心のあり方に大きな影響を与えていることを解明しつつある。しかし視覚情報はあまりに複雑で、まだ完全に解明できていない。これが明らかになったとき、宗教は風土の産物であることが誰の目にも明らかになるであろう。

現代の都市文明の拡大は、人間の身体的環境にとっては砂漠的環境の拡大であり、超越的秩序としての市場原理主義の拡大もまた砂漠化のひとつのプロセスなのではないだろうか。それらが真の意味での人間の快適な環境の創出とは逆の方向に向かっているのかもしれない。

この市場原理主義を止揚し、地球環境問題の危機を回避するためには、世界を森の環境で埋め尽くし、現世的秩序に立脚した新たな「生命文明の時代」を創造するしか方法はないのかもしれない。世界を森で埋め尽くせば人々を取り巻く音環境も変化し、人々の心も穏やかになり、生きとし生けるものの生命《いのち》に畏敬の念を感じる平和で穏やかなアニミズムの心をとりもどすことができるのではないだろうか。

## 二五〇〇年目のカルマ

超越的秩序を生みだしたギリシャ哲学やユダヤ・キリスト教、仏教、儒教といった巨大な宗教が誕生する契機となった二五〇〇年前はどんな時代であったか。それは、まさに地球環境が激動した時代だった。過去一万年の間で、三二〇〇〜二八〇〇年前がいちばん気候が寒冷化して、気候が悪化した時代だった（安田、二〇〇五a[15]）。二五〇〇年前はその気候悪化期の末期だった。飢餓や疫病が流行して難民がでたり餓死者がでたりして、多くの人々が地獄を見た時代だった。そのストレスが極大に達した時代に、イスラエルの預言者やソクラテスや釈迦や孔子がでて、人々の心を救済したのである。それは苦しみの世界から生みだされた人間中心の倫理だった。

だがその苦しみの現実世界の中で人間中心の倫理、超越的秩序を説くことによって人間のみを救済しようとする宗教は、もうそろそろその役割を終えはじめているのではないか。

今日の地球環境問題が、目の前にある現実世界の生命倫理と地球倫理よりも、人間中心の倫理を重視することによって引き起こされたことは確実である。市場原理主義という人間中心の倫理的幻想によって、いくたのかけがえのない地球生命が奪われたことか。人間中心の倫理が地球生命の倫理を破壊したのである。

同じ人間同士が殺しあう国際社会のテロリズムや戦争でさえ、この超越的秩序を持つ宗教によって引き起こされているのである。現在の地球環境問題を解決し、平和な地球をとりもどせるかどうかは、この超越的秩序の文明の闇をどう排除するかにかかっていると言っても過言ではない。

二一世紀は、誰が見ても巨大な地球環境の変動が、私たちを刻一刻と襲い、巨大災害が私たちを襲う時代である。そして超越的秩序を振りかざす宗教の衝突が、世界の平和を危機に陥れる。その世紀は地獄の世紀になるかもしれない。同時に激しく地球環境が変動し、平和がむしりとられる時代は、二五〇〇年前がそうであったように、まったく新しい巨大な宗教が誕生する時代ともなるであろう。

キリスト教、イスラム教、儒教は、いずれも人間の幸福だけを考えた人間中心の倫理に立脚した思想だった。かつて中世ヨーロッパの大開墾時代に、キリスト教の宣教師はこう絶叫した。「人間の幸福のためならヨーロッパの森をいくら破壊してもいい。私たちの幸福のためなら、どれだけ森を破壊してもかまわない」と。その結果、ヨーロッパの森は徹底的に破壊され、一七世紀にはヨーロッパの森の九〇％近くがなくなった（安田、二〇〇九(16)）。その森の破壊の先兵になったのがキリスト教の宣教師だった。彼らは、人間を不幸にしようとしたわけではない。むしろ、人間の幸福を考えていた。しかし、人間だけの幸福を考えていたところに問題があったし、自らが空想した超越的秩序の宗教こそが最善の真理であると考えたところに問題があったのではないだろうか。

自らが正しいと信じる超越的幻想世界のみが最善であり、それに相反するものは悪であるという独善的世界の倫理の横暴を、一五世紀以降の人類はどうしても押しとどめることができなかった。なぜなら自らが正しいと信じるキリスト教の超越的幻想世界が最善であると考える人々は、強力な軍事力と人殺しの武器を有していたからである。

おまけにその超越的秩序の宗教は、自らが正しいと信じる世界の実現のためならば、それに相反するものと闘い、そして殺してもかまわないという幻想を持っていた。こうして相反するアニミズムの世界に生きる人々は、力ずくで弾圧され支配され、超越的秩序の宗教にしたがって生きることを強要された。それがもっとも苛烈に引き起こされたのが、一七〜一九世紀の西欧列強諸国による植民地支配の時代だった。

そして彼らは森を破壊した。一神教の拡大は森の破壊と軌を一にしていた。一六二〇（元和六）年にアメリカのプリマスにピューリタンの一行が到着してからたった三〇〇年でアメリカの国土の森の八〇％が破壊されたのである（安田、二〇〇二[17]）。その森の破壊は自らの生命《いのち》の源の破壊であったことに、今、ようやく人々が気づきはじめた。脳科学や環境情報学の進展によって、森が人間の生命《いのち》の維持に深くかかわっていることが解明されはじめたからである。その自らの生命《いのち》を支える森を、破壊することが善であるとしたのが砂漠で誕生した一神教だった。

そしてこれらの超越的秩序をふりかざす宗教は、その最終ゴールに天国や地獄を設定した。この天国や地獄を生み出す思考のメカニズムこそ、超越的秩序の宗教がもっとも得意とするところである。だがそれも音環境からみれば、生命《いのち》の音のない無音の世界で人間が精神障害に陥り、妄想した精神障害者の虚妄の世界にすぎないことを、現代の科学は解明しつつある。

イスラム教徒の一部の人々は、自爆すれば自分は天国で救われると信じている。アメリカのジョージ・W・ブッシュ大統領（当時）も、死後、あの世で神の国に召されることを願って、テロを撲滅すべく、イラクで戦争をはじめたのである。自由と民主主義という超越的秩序を守るために、何万人というイラク人とアメリカ人の生命《いのち》が犠牲になったのである。

だがこの天国や地獄を妄想する考えにこそ、じつは大きな問題がある。誰も天国や地獄があることを見た人はいない。天国がある、地獄があると考える二〇世紀までの超越的秩序に立脚した巨大宗教ではもうこれからの二一世紀はやっていけないのである。

私たちはもう一度この精神革命以前の、人類が森の中で至福のときをすごした地球生命の倫理の世界をとりもどすことが必要なのではないだろうか。精神革命以前の地球生命倫理の時代に還る。それが二五〇〇年目のカルマなのである。

## 宇宙論が否定した超越神の存在

一九七三（昭和四八）年以前にスティーヴン・ホーキング博士はビッグバンにはじまる宇宙の始原や生命の誕生は「なんらかの意味で非常に注意深く選ばれたもののように見える」と指摘している（ホーキング、二〇〇五[18]）。立木教夫氏（立木、一九九二[19]）がこの宇宙論と神の問題をみごとに紹介しているように、「ビッグバンにはじまる宇宙の基本定数の値は、生命体の出現を可能にするように、きわめて微妙に調整され、知的生命体の発達が許されるための基本定数の選択可能幅は、ごくわずかであった。もし宇宙が特異点や境界を持たず、完全に自己完結しており、統一理論によって完全に記述されるということであれば、創造主としての神の役割ははかり知れない影響を与える」（立木、一九九二[19]）。そこに神の手の存在が予告された。一九五一（昭和二六）年にローマ教皇ピウス一二世は、ビッグバン・モデルは「神は『光あれ』と言われた。すると光があった。神はその光をみて、よしとされた」というこの創世記の教えと一致していると正式に宣言した。

しかしながらその後、一般相対性理論に量子力学を導入したホーキング博士らの研究が進展すると、「宇宙のすべてをいっぺんに説明する完全な統一理論をつくり出すのは非常に困難なことです」「宇宙の究極の理論は存在せず、だんだん正確に宇宙を記述できるようになっていくが、決して完全に正確にならない理論が延々と続いていくというのが、私たちのすべての経験にあっている」（ホーキング、二〇〇五[18]）とホーキング博士自身が述べるに至っている。

『宇宙はなぜ美しいのか』の著者キース・レイドラー博士（レイドラー、二〇〇五[20]）も「神が宇宙の展開に介入するという仮定を受け入れることは不可能であり、もし神がいるとしても、彼は宇宙を始動させる以上のことは何もしなかったように思われる」と指摘している。

さらに近年の宇宙観測の進展は、この宇宙には観測可能な私たちと同じような銀河は一〇一一個もあり、地球はそのうちのひとつの銀河の外縁に位置した太陽系の中の小さな惑星にすぎないことを明らかにした。

観測可能な一〇一一個の銀河は全宇宙の四％にすぎず、残りの二三％はダークマターであり、七三％がダークエネルギーからなっているが、これは現代の技術では見ることができない非可視的空間である。

しかも、私たちの宇宙は数多くある宇宙の一つにすぎないという考えさえ指摘されるようになった（グリビン、二〇〇〇[21]）。

もはやこうなると、多数ある宇宙を完全に統一する超越神の存在を、庶民が容易に納得できるレベルにおいて宇宙論から説明することは、困難となってきたと言わざるを得ない。もちろん、ホーキング博士が指摘するように「なぜ宇宙はわざわざ存在するのか？　そして誰が神を創ったのか？」という永遠の課題は残されたままであるし、いつの日か統一理論が発見されるかもしれないが、それにはまだまだ時間が必要であろう。

重要なことは、このような広大無辺の宇宙が存在するにもかかわらず、高等知的生命体としての人間の存在は、少なくとも現時点においてはこの地球にしか存在しないということである。

松井孝典氏（松井、二〇〇五[22]）が指摘するように、私たちの銀河系には、地球を含む太陽系以外の系外惑星系が、一三八個存在することが確認されているが、それらはいずれも私たちの太陽系とは似ても似つかないものなのである。生命《いのち》をはぐくむ森と海と文明を持つ地球のような環境は、決して普遍的に存在するものとは言えなくなってきたのである。

私たちの太陽系にあるお隣の金星は、九五気圧にもおよぶ二酸化炭素に覆われ、地表の平均気温は摂氏四六〇度にも達する。火星は〇・〇六気圧の薄い二酸化炭素に覆われその平均気温は摂氏マイナス六〇度である。ところがこの地球には生命に必要な水が存在し、窒素と酸素が主成分の一気圧の大気に覆われ、平均気温は摂氏一五度である（田近、二〇〇五[23]）。

広大な宇宙の中で数え切れない星の中で、ほんのお隣の星でさえ、このように地球とはまったく異質の、生命には苛酷きわまりない環境が広がっているのである。もし神の存在を見るとするならば、私たち人類（ホモ・サピエンス）はこのビッグバンに始まる宇宙の誕生に神の手を見るのではなく、広大な宇宙の中のきわめて特殊なほんの小さな惑星の地球にのみ、生命が誕生し、高等知的生命体としての人間を生み出した生命世界にこそ、神の存在を予感すべきなのではあるまいか。

宇宙を統一する超越的秩序を生み出した神ではなく、この小さな惑星地球に生命《いのち》を誕生させ、高等知的生命体としての人間を生み出したその奇蹟の中にこそ、神の存在を認めるべきなのである。その神とはまさにビッグバンにはじまる宇宙の統一的進化を支配する超越的秩序の神ではなく、この地球の生命《いのち》あるものの世界を統一する現世的秩序の神にほかならないのである。

## 宇宙の破断システムと生命《いのち》の循環システム

近年の年縞《ねんこう》や年層による気候変動の復元は精緻になり、過去の気候変動を年単位で復元できるようになった（安田、二〇〇五b、二〇一四[24]）。それによって明らかになってきたことは、気候変動そのものはきわめて破断的であるということであった。

これまで気候変動や海面変動のカーブはゆるやかな曲線で描かれるのが通例であった。しかし、それは復元の精度が悪いためであった。ダンスガード博士らがグリーンランドの氷の中の年層に含まれる酸素同位対比を分析した結果、グリーンランドの平均気温はたった五〇年で、一気に七〜一〇度も上昇する時代があったことが明らかとなってきた（Dansgaard et al,1993[25]）。

宇宙システムに支配された物理的な気候変動はわずか五〇年という短期間に破断的変動をくりかえした

のに対し、それに対応する生命システムの変動はその一〇倍以上の長い時間をかけてゆっくりと変動するのである。そのゆるやかな循環的変動こそ、生命《いのち》が誕生し、生命システムに支配された地球システムの特色なのである。地球システムを穏やかに循環的に維持しているのは、生命システムそのものなのである。

いうまでもなく宇宙の破断システムの大規模なものはビッグバンにはじまり、約二二億年前、約七億五〇〇〇万年前、約六億年前に起こったとされる「地球全球凍結」や、約二億五〇〇〇万年前の海棲生物の大量絶滅、約六五〇〇万年前の惑星衝突による恐竜大絶滅のように、きわめて劇的であり、突発的であり、破断的である。

しかし、田近英一氏（田近、二〇〇五(23)）が指摘しているように、この破断的・突発的な宇宙システムによる大量絶滅のあとには、かならず生物の進化と多様化が生じ、生物の大進化がもたらされているのである。この地球においては、破断的・突発的な宇宙システムによる大量絶滅のあとにも、この地球においてだけは、生命《いのち》は不死鳥のように連続的に復活し、新たな生命《いのち》の時代をつくり続けることができたのである。そこに私たちは神の存在をこそ予感すべきなのではあるまいか。

この地球に誕生した生命《いのち》の循環的・連続的シンボルが、ＤＮＡの螺旋構造に端的に示されていると思う。このＤＮＡの螺旋構造に端的に示される循環の連続性こそ、生命《いのち》が破断的な宇宙システムを、この地球において生き抜き、この地球の環境を穏やかでマイルドなものにする要因なのである。破断的な宇宙システムは、この地球生命の循環的連続システムによって、穏やかで連続的・循環システムになった。それが地球なのである。

もし地球に生命《いのち》が誕生しなかったら、地球は水星と同じように日中は摂氏四〇〇度をこえ、夜にはマイナス二〇〇度をこえるような破断的環境が今も続いていることであろう。それゆえ、もし神の存在を見るとするならば、それはこの生命《いのち》の誕生した地球、いや穏やかで連続的・循環的地球を生み出した生命《いのち》の連鎖にこそ、神の存在を見るべきときなのではあるまいか。

## 宇宙における普遍性と特殊性

もちろんDNAの螺旋構造を持たない地球外生物が存在し、松井孝典氏（松井、二〇〇五(22)）の指摘するように、「宇宙にはもっと普遍的な生命があって、もしかすると地球上の生命の方が、特殊だという可能性も」あるかもしれない。さらに松井孝典氏は「物理学や化学については、少なくともこの宇宙では普遍性を持つことが、確かめられたが、生物学は、銀河系スケールではもちろん、太陽系スケールでも何の普遍性も持っていない。だからこの宇宙における普遍的な生物学を探究するためにアストロバイオロジーを提唱する」と述べている。それは現代の科学の行き着く方向としてはまことに当を得た視点であり、アストロバイオロジーの進展によって、未来の人類はまったく新しい生命観を獲得できるかもしれない。

しかし、物理学や化学によって宇宙に普遍性を追究した結果は、ホーキング博士（ホーキング、二〇〇五(18)）が述べていたように「宇宙の究極の理論は存在せず、だんだん正確に宇宙を記述できるようになっていくが、決して完全に正確にならない理論が延々と続いていく」と言うのが科学者の正直な本音なのではあるまいか。

超越的秩序、普遍性を求める科学や宗教は神の存在を天に求め、宇宙の摂理の探究に人々を駆り立てた。しかしその結果は、かならずしもその目的を明快に達し得たとは言えなかった。

むしろ、これまで何人もの宇宙飛行士が感嘆した言葉は『青く美しい地球』だった。宇宙飛行士が神の存在を確信したのも宇宙から地球を見たときだった。その生命《いのち》の惑星地球の特殊性にこそ目覚め、生命《いのち》の輝きに神の存在を予感する科学と宗教の世界を創造しなければならないのではあるまいか。

## 死は生命《いのち》の適応戦略の産物

破断的な宇宙システムに循環システムをあたえたのが生命《いのち》であった。生命世界がこの地球に誕生したことによって、地球にだけは循環システムが形成された。宇宙の中にはほかにも生命《いのち》を宿す惑星があるかもしれないが、現時点において、地球はその破断的な宇宙の中において、生命《いのち》の循環システムが形成された惑星なのである。

循環をシンボライズする縄文人やマオリの人々（第二章扉）のダブル・スパイラル（安田、一九八七(26)）のように、生命《いのち》の根源は循環である。縄文人もマヤやマオリの人々も循環を重視した。なぜ縄文人が渦巻き模様にこだわったのか。それは、生命《いのち》の本質が循環であるからであろう。

生命《いのち》はこの破断的な宇宙システムに適合するために、死をみずからのＤＮＡの中に組み込んだ。死は破断的な宇宙システムへの生命《いのち》の適合装置であった。バクテリアなどの下等生物に死は存在しない。死のシステムを持つのは高等生物である。

大橋 力先生（大橋、二〇〇三(12)）は、死をとりのぞいた人工生命モデルと、死を組み込んだ人工生命モデルをシミュレーションして比較した。すると、両者は発展の度合いが大きく異なることが明らかとなった。死を組み込まない人工生命はある時点で発展の限界点に達する。一方、死を組み込んだ人工生命は、資源と環境が許す限り発展し続けることができた。

死は破断的な宇宙システムに、生命《いのち》が適応するために獲得した適応戦略・生き残り戦略であったのである。カタストロフとは、破断的な宇宙システムによって生命世界が甚大な影響をこうむることを意味する。そのカタストロフに適合するための戦略として、生命《いのち》は死という究極の適応戦略を編みだしたのである。大量絶滅によってカタストロフを回避する。しかし、生命《いのち》は完全には絶滅せず、カタストロフのあとにはかならず生命の大発展が存在した。

## 宗教は死ななければならない

同じように破断的な宇宙システムに宗教と文明が適応するためには、宗教や文明みずからが、死の装置を取り込む必要があった。「永遠不滅の宗教や文明など存在しない」というのは、まさにこのことを意味している。これまでのメソポタミア文明もローマ文明そしてマヤ文明やインカ文明も、すべての文明は崩壊した。同じように宗教も死ぬのである。永遠不滅の宗教や文明などは存在しないのである。

なぜ宗教や文明は永遠不滅ではないのか。それは宗教や文明を構築した人間の生命《いのち》が死を持っているからである。破断的宇宙システムによる危機を乗り切り、次の世代へと生命《いのち》の連鎖・宗教と文明の連鎖をつなぐために、宗教も文明もまた、死という究極の適応戦略を選択したのである。宗教と文明が生き残るためには死ななければならないのである。永遠の宗教と文明などは存在し得ないのである。それが人間の妄想の産物であるのなら、なおさらである。

現代文明もそして現代の宗教もまたこれまでの文明や宗教と同じように死ぬ。宗教も確実に死ぬ。そうでなければその先にまっているものは宗教と文明の終わり、すなわち人類（ホモ・サピエンス）の絶滅でしかないからである。それゆえ、「私たちは現代文明と現代の宗教が死ぬことを前提として生きることが必要なのである」。そして現代文明と現代の宗教にかわる新たな宗教と文明を構築するにはどうしたらいいのかを、今から模索しなければならないのである。

## 生命文明の宗教としてのアニミズム

現代文明の破滅的死の後には、生命《いのち》の循環システムに立脚した「生命文明の時代」が構築されるであろう。宇宙システムの文明から生命システムに立脚した生命文明への転換が必要なのである。それこそ伊東俊太郎先生（伊東、一九九〇(27)）の指摘する「生世界革命」なのである。その「生世界革命」の立役者になれるのは、森の中で誕生した仏教であり、神道であろう。釈迦の最初の説法は、すなわち私たち人間への問いかけは「一切が苦である」からはじまった。その苦とは生命《いのち》のかかえる苦である。破断的宇宙システムに代表されるように、この世は無常である。その無常の世界を生きるためには苦がともなう。ゆえに地球・生命《いのち》の一切衆生の生老病死は苦的なものであると釈迦は説いたのである。

苦が滅した状態、これが悟り、安楽の境地であり、涅槃の楽は苦楽を超えた楽である。生きることの苦、生命《いのち》の苦から釈迦が仏法を説きはじめたことは重要である。なぜならキリストは初めに「光あれ」と説いた。それゆえ、この光の天地の創造からはじまった一神教の世界が、近代科学と結託して「物質エネルギー文明」を発達させることができたのである。光はあらゆるエネルギーの源である。これに対し、生命《いのち》の苦から問いかけがはじまった仏教は、二一世紀の新たな生命文明を発達させる原動力となりうる。

そして科学の分野もまた普遍性を追究する物理学や化学にかわって、生命《いのち》あるものを取り扱い、特殊性を追究する生命科学の分野がより重視されることになるであろう。

「物質エネルギー文明」を発展させたのは一七世紀の科学革命にはじまる普遍性を追究する物理学と化学であった。その物理学や化学は普遍性を探究し、宇宙の起源と進化にまで深い洞察を行うことを可能とした。しかし、その結果は宇宙を統一する統一的理論すなわち超越的秩序を発見することはますます困難となり、それを統一する神の存在をもむしろ否定する結果となった。この宇宙を支配する超越神の探究からはじまった物理学は、その行き着いた先が超越神の存在を否定する結果だった。

普遍性を求め続けた物理学の世界は、もはや人間の脳内での哲学的思索のレベルでしか存在し得ないものになりつつあるのではあるまいか。

一七世紀の科学革命によって発展の契機が与えられた物理学や化学は、普遍性を探究し「物質エネルギー文明」の構築に大きく寄与した、しかし今やその科学の限界が露呈しはじめたのではあるまいか。超越的秩序や普遍性を求め続けた科学革命以来の科学の背景には、超越神が存在するという漠然とした期待感があった。そしてそれを求め続けた結果は、かならずしも期待通りのものではなかった。

きたるべき「生命文明の時代」の構築には、普遍性よりもむしろ特殊性を重視する科学が重要な役割を果たすであろう。伊東俊太郎先生（伊東、一九九〇[27]）のいう「生世界革命」の立役者となるのは、生命《いのち》の重みを見つめる科学、生命《いのち》の輝きに畏敬の念をもてる科学であろう。それはアニミズムに立脚した生命科学であるといっても過言ではあるまい。

「物資エネルギー文明」が華やかなりし頃には、物理学や化学が科学の王道だった。しかし「生命文明の時代」には地球学や生物学、農学など生き物を対象とし、普遍性よりも特殊性を重視する科学が王道になるであろう。ノーベル賞は「物質エネルギー文明」を代表する科学賞だが、「生命文明の時代」にはノーベル賞にかわる新たな科学賞の設定も必要になるだろう。例えば日本から発信している京都賞は、そうした新たな科学賞となり得るだろう。

同じように芸術の分野においてもそれは言える。ルートヴィヒ・ヴァン・ベートーベンの第九交響曲はまさに、天に創造主を求めるフリードリッヒ・フォン・シラーの歓喜の歌で最終楽章を終わる。その歓喜は天を志向する人間のみの歓喜に満ちたものであった。それは超越的秩序の下に、普遍性を探究しようとした一九世紀の近代ヨーロッパで花開いた人間中心主義の「物質エネルギー文明」の精神の極致を感動的に音の世界として表したものにほかならなかった。

二一世紀の新たな「生命文明の時代」には、すぐれた芸術家、そして未来を切り開く宗教家は、天を志向するのではなく、大地をそして大地に生きる生き物たちの生命《いのち》の輝きを歌い上げる歓喜の歌をアニミズムの宗教の下につくるようになるであろう。

さらに詳細をお知りになりたい方は拙著『一神教の闇』(28)をご参照いただければ幸いである。

## 引用文献および注

（1）Ｋ・ヤスパース（重田英也訳）：『歴史の起源と目標』理想社　一九六四年
（2）伊東俊太郎：『比較文明』東京大学出版会　一九八五年
（3）Ｓ・Ｎ・アイゼンシュタット（梅津順一・柏岡富英訳）：『日本比較文明論的考察』岩波書店　二〇〇四年
（4）鈴木秀夫：『超越者と風土』大明堂　一九七六年、鈴木秀夫：『森林の思考・砂漠の思考』ＮＨＫブックス　一九七八年

(5) 川勝平太・安田喜憲：『敵を作る文明・和をなす文明』ＰＨＰ　二〇〇三年
(6) Ｓ・ハンチントン（鈴木主税訳）：『文明の衝突と21世紀』集英社新書　二〇〇〇年
(7) 松本健一：『砂の文明・石の文明・泥の文明』ＰＨＰ新書　二〇〇三年
(8) Ｅ・ハンチントン（間崎万里訳）：『気候と文明』岩波書店　一九三八年
(9) 安田喜憲：『蛇と十字架』人文書院　一九九七年
(10) 竹内信夫：『空海入門』ちくま新書　一九九七年
(11) 渡辺格：「物質文明から生命文明へ」長倉三郎ほか監修『文明と環境』ぎょうせい一九九〇年
(12) 大橋力：『音と文明』岩波書店　二〇〇三年、大橋力：『ハイパーソニック・エフェクト』岩波書店　二〇一七年
(13) 山折哲雄：『こころの作法』中公新書　二〇〇三年
(14) ユヴァル・ノア・ハラリ（柴田裕之訳）：『サピエンス全史（上）（下）』河出書房新社　二〇一六年
(15) 安田喜憲：『気候と文明の盛衰（普及版）』朝倉書店　二〇〇五ａ年
(16) 安田喜憲：『山は市場原理主義と闘っている』東洋経済新報社　二〇〇九年
(17) 安田喜憲：『日本よ森の環境国家たれ』中公叢書　二〇〇二年
(18) Ｓ・ホーキング（佐藤勝彦訳）：『ホーキング、宇宙のすべてを語る』講談社　二〇〇五年
(19) 立木教夫：『現代科学のコスモロジー』成文堂　一九九二年
(20) Ｋ・レイドラー（寺崎英志訳）：『宇宙はなぜ美しいのか』青土社　二〇〇五年
(21) Ｊ・グリビン（立木教夫訳）：『宇宙進化論』麗澤大学出版会　二〇〇〇年
(22) 松井孝典編著：『地球は宇宙でたった一つの存在か』ウエッジ選書　二〇〇五年
(23) 田近英一：「地球環境と生命進化」松井孝典編著『地球は宇宙でたった一つの存在か』ウエッジ選書　二〇〇五年
(24) 安田喜憲：『巨大災害の時代を生き抜く』ウエッジ選書　二〇〇五ｂ年、安田喜憲：『一万年前』イーストプレス　二〇一四年
(25) W. Dansgaard et al. : Evidence for general instability of past climate from a 250-kyr ice-core record. *Nature*, 364, 218-220, 1993
(26) 安田喜憲：『世界史のなかの縄文文化』雄山閣　一九八七年の表紙はダブル・スパイラルになっている。
(27) 伊東俊太郎：『比較文明と日本』中公叢書　一九九〇年
(28) 安田喜憲：『一神教の闇』ちくま新書　二〇〇六年

# 第三章　文明の精神

カンボジアのハス
宗教は風土の影響を受ける．（撮影　安田喜憲）

# 一　文明発展の原理は文明崩壊の原理

## 生命《いのち》の奇蹟

この広大な宇宙に生命《いのち》の惑星地球が存在するだけで奇蹟にちかい。その地球に人類が生きているのはなおさら奇蹟である。それだけではない。人類は文明を誕生させた。文明は、三八億年の生命《いのち》の歴史の奇蹟の連続の上に登場して来た地球と人類の産物なのである。

その文明には原理がある。「文明の原理」(安田、二〇一一[1])は文明を構成するハードウエアとしての「制度・組織・装置系」と、それを支えるソフトウエアとしての「文明の精神」からなっていると私は考える。これまでの考えのようにハードウエアとソフトウエアはまったく別物で、一方を「文明」、他方を「文化」と呼んだりして区別しないのである。そのハードウエアとソフトウエアは一体になって「文明の原理」を構成しているのではないか。奇蹟の連続の上に出現した文明に精神がないはずがないと考えるのである。

地理学や環境考古学の目的は、この「文明の原理」を探求し、人類の繁栄に役立てることにあるのではないか。

二〇〇九(平成二一)年は、アーノルド・トインビー生誕一二〇周年にあたり、二〇一〇(平成二二)年六月に刊行された比較文明研究第一五号(比較文明研究編集委員会、二〇一〇[2])には、三人の注目すべき論文が掲載されていた。それは吉沢五郎氏の「アーノルド・トインビーの肖像—歴史学から比較文明学への道—」(吉沢、二〇一〇[3])、川窪啓資氏の「トインビーの高等宗教と廣池千九郎の聖人研究」（川窪、二〇一〇[4]）、染谷臣道氏の「自立する文明にどう対処するか？　ポスト文明にむけて」（染谷、二〇一〇[5]）である。そして二〇一〇（平成二二）年七月三日には、比較文明学の構築に多大の貢献をされた巨人、梅棹忠夫氏が死去された（安田、二〇一一[6]）。二〇一〇（平成二二）年八月には日本の比較文明学会のみでなく、国際比較文明学会の会長までつとめられ、比較文明学の発展のために巨大な足跡をのこされ、今も第一線で活躍されている伊東俊太郎先生の『著作集全一二巻』（伊東、二〇〇八〜二〇一〇[7]）が完成した。

二〇一〇（平成二二）年は日本の比較文明研究にとって記念すべき後世に語り継がれる年になるだろう。

## 人類史をリードする文明原理

「文明の原理」は、時代の要請によって変化する。まったくとるにたらない原理と見なされていた「文明の原理」が、あるとき人類史を牽引する「文明の原理」になる。

したがって文明を、中心文明や周辺文明に区分したり、文明と未開に区分するような文明論に、私は賛成できない。

いかなる「文明の原理」も、いずれかの時代に、人類文明史を牽引できる可能性を秘めていると見なすべきである。

中心文明だと見なされていた文明も、いずれは周辺文明へと没落する。それはこれまでの人類文明史の公理である。永遠不滅の「文明の原理」は存在しない。地球を支配し人間の王国をつくることに成功した現代の「物質エネルギー文明」も、まもなく崩壊する。

いかなる文明も崩壊するのはなぜなのか。それは、文明発展の原理は文明崩壊の原理だからである。人類史を牽引したその「文明の原理」が、いつかは人類の要求に合わなくなる。その「文明の原理」が色あせる一つの契機は、地球環境の変動から与えられる。繁栄を謳歌した一つの文明は、その文明を繁栄に導いた「文明の原理」によって崩壊する。なぜそうなるのか。それは文明が繁栄を獲得した原理を容易に変換できないからである。

文明は、みずからの文明を繁栄に導いた原理に執着し、その原理を放棄できないのである。ゆえにいかなる文明もその原理が時代の精神、人類の欲求に合わなくなったときに崩壊する。

## 二　「文明の精神」が決める「文明の品格」

### 縄文の文明原理の再評価

私（安田、一九八七(8)）は「縄文も文明だ」と主張する。「縄文のどこに都市があり、どこに金属器があり、どこに文字がある」と、物質的貧弱さを根拠にした反論がいつも返ってくる。ときにはせせら笑われることさえある。

私は縄文にも「文明の原理」が存在すると主張する。落日の欧米の「物質エネルギー文明」にかわって、人類文明史を牽引する「文明の原理」がそこには隠されていると見なす。私は近代ヨーロッパ文明や四大古代文明に負けず劣らずの富や物質的基盤が縄文文明にあるなどと主張しているのではない。

吉沢五郎氏（吉沢、二〇一〇[3]）は「現代文明は、その命運を賭けた運命的な帰路に立っている。問題の核心は、とりわけ近代文明の人間の原理を中心とする上昇のダイナミズムが、一部の楽観主義をこえて文明の同時崩壊という死の記号を秘めることである」と述べている。「現代文明の同時崩壊」を回避するためには、縄文も文明であり、縄文の文明原理に学ぶ姿勢を比較文明論の研究者がとることが必要なのである。

## 「文明の品格」は「文明の精神」で決まる

伊東俊太郎先生（伊東、一九八五[9]）がすでに文化と文明の定義で指摘しているように、英語のCivilisationを文明とはじめて翻訳したのは福澤諭吉氏である。

福澤諭吉氏は『文明論之概略』（福澤、一八七五[10]）の冒頭で「文明論とは、人の精神発達の議論なり」つまり文明論は人間の精神発達を論ずることだと言うのである。また「有智有徳《ゆうちゆうとく》の人、これを名《なづ》けて文明の人というべし」文明人とは徳と知恵のある人を言う。そして「文明には外に見《あら》はるる事物と内に存する精神の二様の区別あり」つまり文明には外に見える物質文明と内なる精神文明の二様式があると明快に断じている。

さらに「一国民のあり様はその国民一般の智徳を見て知るべし」「文明は限りなきものにて、今の西洋諸国を以って満足すべきにあらざるなり。欧羅巴《ヨーロッパ》の諸国においても人民の智徳を平均すれば、国中文字の知らざる愚民は半ばに過ぐべし……」とも述べている。国民のあり様は国民の智徳の状態を見ることによって知ることができる。今の西欧諸国の文明がけっして最高のものではなく、国民の半分以上の人が文字を知らない。さらにつづけて、「そのヨーロッパでは、国論といってもそれは中流階級以上の智者の説であって、多くの国民はその説に右往左往しているだけだ」とまで述べている。

西洋のめくるめく「物質エネルギー文明」のきらびやかさに圧倒された明治のはじめにおいてさえ、福澤諭吉氏は西洋文明の限界を見据える発言をしている。その限界とは国民の智徳を見たときに、西洋諸国の文明がけっして最高のものとは見なしがたいという考えを持っていたのである。福澤諭吉氏はどちらかというと「脱亜入欧」論者として一般には広く知られているが、まさに西部 邁氏（西部、一九九九(11)）が指摘するようにかならずしもそうではないことがわかる。

福澤諭吉氏が言いたかったのは物質的豊かさだけではなく、今風に言えば「文明の品格」が重要だと言うことであろう。その「文明の品格」を決めているのは国民の智徳のレベル、「文明の精神」にあると言うことである。文明には品格があり、その「文明の品格」は国民の智徳のあり様によって知ることができると述べているのである。

いささか負け惜しみ的にも思えるが、欧米の圧倒的な「物質エネルギー文明」に接しても、日本の「文明の品格」を見失わない明治の建国の士の志が伝わってくるようである。

福澤諭吉氏の一文は、高度経済成長期の日本人や、金銭的インセンティブ優位の現代の中国の人々が学ばなければならない文明の在り方を論じていたのである。

明治の福澤諭吉氏が英語の Civilisation を「文明」と訳したとき、もっとも重視したのは「内に存する精神」「文明の精神」だった。今風に言えば「文明の品格」だったのである。

福澤諭吉氏は富や物質的豊かさのみを根拠にして文明を定義してはいないのである。富や物質的豊かさのみを根拠にして文明を定義したのは、もっと後の時代の歴史学者や考古学者あるいは文明論者だった。彼らは欧米の「物質エネルギー文明」の豊かさに幻惑され、本人が意識しないうちにいつのまにか、身も心も欧米文明の申し子になっていたのである。

## 外殻を文明・内核を文化として区別することへの疑問

欧米の「物質エネルギー文明」の輝きに魅了されていくうちに、いつしか「文化」はソフトウエアとしての内面的な精神文化を指し、「文明」はハードウエアとしての外面的な物質文明のみを指すと見なされるようになった。梅棹忠夫氏（梅棹、一九八四(12)）は文明を科学技術・政治制度・経済組織・法律体系などの制度・組織・装置系のハードウエアの側面としてとらえたし、伊東俊太郎先生（伊東、一九九七(13)）も人間集団固有のエートス、観念形態、価値判断、美的感情など生活の内核にあるものを「文化」として位置づけ、生活に必要な制度・装置系の外殻にあるものを「文明」となづけた。そして内核としての文化は民族に固有のもので移転不可能だが、外殻としての文明は移転が可能だと指摘したのである。

文明を内核と外殻に分けてはじめて論じる視点を提示した伊東俊太郎先生（伊東、一九九七(13)）の見解は卓見であったが、問題は移転可能なのは外殻のみだとしたことである。

第二次世界大戦後、日本が欧米の「物質エネルギー文明」に「おいつけ・おいこせ」とがんばっていた時代に、文明を制度・組織・装置系のハードウエアの物質的豊かさのみで判断する尺度は、時代の精神にも合致しており、梅棹忠夫氏や伊東俊太郎先生の文明論は一般にも広く受け入れられ、私自身もこの二人の偉大な文明論者の説に強く影響された。

しかし内核を「文化」と呼び外殻を「文明」と呼んで、あたかも別物であるかのように指摘する文明論に、今の私はそのままでは納得できないものを感じはじめている。もちろん伊東俊太郎先生は「文明の精神」を否定しているわけではない。「文明のエートス」という概念を最初に提案したのも伊東俊太郎先生（伊東、一九九七(13)）である。しかし、文明とは文明移転が可能な外殻のハードウエアで構成されるという伊東俊太郎先生の説よりは、福澤諭吉氏の「文明の精神」をより重視する文明論の方に、今の私はシンパシーを感じる。

梅棹忠夫氏と伊東俊太郎先生は欧米の文明を相対化して見ることができる数少ない日本を代表する偉大な文明論者である。その二人の卓越した研究者においてさえ、欧米の「物質エネルギー文明」の制度・組織・装置に憧れ、それを受け入れている間に、いつの間にか無意識のうちに、内核としての価値観や心も変わってしまっていたのではあるまいか。

欧米の「物質エネルギー文明」のハードウエアを受け入れているうちに、こうした偉大な研究者であっても無意識のうちに価値観や心も変わってしまっているのであるから、庶民の心がもっと大きく変わってしまうのは当然である。それが端的に現れたのが聖なる山へのゴミの不法投棄や、水の汚染にはじまる地球環境問題であり、それがさらに人々の心まで破壊していたことが、子殺しや自殺の急増、地域コミュニティーの崩壊等、さまざまな社会的現象となって顕現してきたのである。

欧米の「物質エネルギー文明」は自然の資源を一方的に収奪するという闇を持っていたのではあるまいか。伊東俊太郎先生（伊東、一九八五(9)）が指摘してきたごとく、人間中心主義に立脚した欧米の「物質エネルギー文明」は、自然を支配し人間の王国をつくることを目指してきたのであるから、それはいたしかたのないことであるのかもしれない。しかしもうこれ以上自然の収奪が続けば、その先に待っているのは現代文明崩壊の闇である。

## 変わってしまった若者の心

戦後七〇年、欧米の「物質エネルギー文明」の制度・組織・装置系に憧れ、それを受け入れている間に、いつの間にか無意識のうちに、内核としての価値観や心も変わってしまっている現実に直面する機会が二度私にはあった。

二〇一二（平成二四）年四月からバスに乗って、名取市の我が家から東北大学に通勤した。一回目はそのバスの中で引き起こされた。五歳くらいの子どもがバスの中を走り回っていたので、六〇歳代の人が「あぶないから」と注意した。「叔父さんよく注意したね」と私は内心思った。そうしたらその親御さんとみられる若い二〇歳代のお母さんが、バスを降りるときに「うちの子どもにそのようなことを言わないでください」と怒ったのである。叔父さんはびっくりして言葉を失なっていた。「叔父さんの注意の方がよほど立派ですよ」と私はなぐさめた経験がある。

これは本著ではじめて追加するのであるが、二回目は二〇一六（平成二八）年に滋賀大学社会連携研究センターで講演したときである。「七六歳までを壮年と見なし、老人は七七歳の喜寿からです。ピンピンコロリで世界一になった静岡県ではそのように位置づけています」と報告した。環境支援士を育成しようという壮年の集まりは活気づいた。「幸福度の指数は福井県がナンバー①、静岡県がナンバー②です」と言うと、滋賀県もそれにまけないようがんばるという気概が伝わってきて、講演会は盛り上がった。翌朝、ホテルをチェックアウトするため、九階のエレベーターに乗ったところ、八階でカップルと思われる若い二人が乗ってきた。若者らしく背中にリュックサックを背負っていた。エレベータに乗り込んできて振り向きざまに、リュックサックが私の顔に当たった。普通ならだまっているのだが、前日の壮年の雰囲気が翌日の私を虜にしていたのであろう。文句を言うと、「おまえがもっと後ろにさがらないから悪いのだ」という答えが返ってきた。

私はとっさに「欧米人に右足を踏まれても、お前が自分の足の下に足を置いているから悪いのだ」と言われると、小さいときに教えられたのを思い出した。そしてそのあとの立命館大学の会議でこのことを述べたら「安田先生、殺されなくてよかったですね」という答えがかえってきた。その先生は大学で授業をされているときに、前の方に座っている学生が自分の話を聞かないで居眠りしたり、スマホをやっているときには、「悪いけど出ていってくれない」と低姿勢で言われるそうである。

ハードウエアとしての文明の制度・組織・装置系が変われば、ソフトウエアとしての「文明の精神」も変わるというのが私の考えである。

戦後七〇年、欧米の「物質エネルギー文明」の制度・組織・装置系に憧れ、それを受け入れている間に、いつの間にか無意識のうちに、内核としての価値観や心も変わっている現実に直面したのである。とりわけ若者にその影響が大きいようである。今、若者のあり方は二極分化しているのではあるまいか。

### 梅原 猛先生の「自然生命的存在論」

一九六〇（昭和三五）年代、日本列島に公害が現出したとき、比較文明論者は、欧米の制度や装置系の導入によって、日本人の伝統的な価値観や生命観が破壊されていることに、もっと警鐘を鳴らすべきであった。

唯一、梅原猛先生（梅原、一九六七[14]）はそのことに気づき、日本文明の精神の根幹を形成する「自然生命的存在論」の重要性を指摘していた。しかし、大半の研究者にとっては、そのことに気づいてはいても、それに蓋をし、忘却させせるに十分なだけ、「物質エネルギー文明」は魅惑的であった。

だが、二一世紀にはいって、欧米の「物質エネルギー文明」の制度・組織・装置系が、人類（ホモ・サピエンス）の生存の基盤までも破壊し、心まで破壊することが明らかになるにおよんで、はじめてハードウエアの文明移転は「文明の原理」としてのソフトウエアの「文明の精神」の移転と表裏一体であることに、私たちは気づいたのである。比較文明研究　第一五号で小林道憲氏（小林、二〇一〇[15]）も指摘しているように、物質と精神は実在の両面であり、最初から分離することなどできないものなのである。

自然を忘れた子どもたちの生きる力の弱体化。ひきこもりやうつ病の蔓延。これまで予想もできなかった子殺しや凶悪犯罪の多発。そして生きとし生けるものの命の減少。なによりも町内会の崩壊やシャッター通りの出現に代表されるように、人と人をつなぐコミュニティーの崩壊。もう老人が他人の子どもに注意したり意見を言うこともなくなるだろう。それらが欧米、特にアメリカ型のハードウエアとしての文明の制度・組織・装置系を導入したことによって引き起こされた結果であることに、ようやく比較文明論者も気づきはじめたのである。

文明を外殻としての制度・組織・装置系にだけとどめておくことは、もはやできないし、文明を都市市民だけのものにしておくこともまたできないのである。

伊東俊太郎先生の言う外殻としての新たな制度・組織・装置系を導入すれば、内核としての人間集団固有のエートス、観念形態、価値判断、美的感情などの「文明の原理」は大きな影響を受けるのである。外殻としての文明の制度・組織・装置系と、内核としての「文明の精神」は、表裏一体の関係にあり、外殻を「文明」と呼び、内核と「文化」と呼び、区別することには、もはや無理があるのである。「文明の原理」は外殻としての「文明の制度・組織・装置系」と、内核としての「文明の精神」が一体となって形成されているのである。それどころか、文明にとっては内核の「文明の精神」の方がより重要なのではあるまいか。

文明には外に見える物質文明と内なる精神文明の二様式があり、どちらが重要かといえばそれは「内に存する精神」つまり「文明の精神」すなわち「文明の品格」が重要であると明快に断じた福澤諭吉氏の文明論（福澤、一八七五[10]）が、再評価されなければならないのである。

## 日本文明の原理に即した国づくり

川勝平太氏（川勝、一九九五[16]）は「富国有徳」の文明論を説いた。それは「文明の精神」を重視した福澤諭吉氏の文明論の再来であると言ってもよい。川勝平太氏と私が対論集『敵を作る文明・和をなす文明』（川勝・安田、二〇〇三[17]）で語ったように、いまこそ「敵を作る文明」と「和をなす文明」のどちらが「文明の精神の高み」にあるのか、どちらの「文明の品格」がすぐれているのかを正しく知るべきときなのである。

川勝平太氏（川勝、二〇一〇[18]）は「世俗にあって廉直な心を堅持する者のことを士。豊かな物の集積を富と名づければ、新日本建設のために、両者を兼ね備えた富士のごとき日本人こそ、めざすべき新しい日本人の姿である」と喝破していたが、まさにその富士の国の知事になって『日本の理想ふじのくに』（川勝、二〇一〇[18]）を創造する役割を担わされたのは天命であろう。さらに近年、川勝平太氏（川勝、二〇一六[19]）は一九九七（平成九）年に刊行した『文明の海洋史観』を文庫本として再刊（川勝、二〇一六[19]）する「文庫版へのあとがき」で、「文明の精神」についても触れ、「宗教を『阿片』とか『伝染病』のアナロジーですませることができないのは明白である。『文明の精神史観』もまた残された課題である」と指摘している。

文明の物質的豊かさのみに目を奪われることなく、「文明の精神」を重視した福澤諭吉氏の文明論が、明治以降の近代日本を創造した。そして二一世紀にはいって、近代の欧米の「物質エネルギー文明」にほころびが見えはじめたとき、福澤諭吉氏の「文明の精神」を重視した文明論の価値の再発見が必要なのではあるまいか。私は、「富士山よ見守りたまえ」と叫びたい。

## 三　トインビー博士が託した日本文明の未来

### 「何としたことか」と嘆息するトインビー博士

川窪啓資氏（川窪、二〇〇〇[20]）は、「真に有徳の気品高い文明を創造するには、深い信仰心を内に秘めた道徳心を国民が涵養していく以外にない」と述べているが、まことにそのとおりである。

川窪啓資氏（川窪、二〇一〇[4]）は、文明論の先駆者とも言うべきトインビー博士が、最終的には物質的文明史観よりも、「文明の精神」を重視する高等宗教優先史観に傾いていたと述べている。川窪啓資氏（川窪、二〇一〇[4]）によればこうしたトインビー博士の宗教重視の考えは原著 A Study of History の第七巻から顕著になると言う。そしてトインビー博士は自らをキリスト教徒と呼ぶ資格はなく、シマクス教信者だと宣言する。トインビー博士が文明優先史観から高等宗教優先史観に変わる一九三六（昭和一一）年から一九四六（昭和二一）年は家庭の不幸があいついだ。しかし、川窪啓資氏が「何としたことか」（川窪、二〇一〇[4]）と嘆息して紹介しているように、その最後の信仰告白は「暗中模索」であった。トインビー博士は一神教的な世界観に完全に納得できないものを感じていた。

トインビー博士は文明の誕生・成長・挫折・解体を論じたあと、深く「文明の精神」に傾倒していった。しかしその結論は「暗中模索」であった。一神教の世界で苦悩するトインビー博士が光明を見出していたのは、階級支配の自然観や世界観に毒されることが少なく、風土とのかかわりの中で、生命《いのち》を畏敬する多神教的な世界観と仏教的世界観をいまだに温存している日本文明だったのである。

これにたいし、川窪啓資氏（川窪、二〇一〇[4]）がトインビー博士と並んで東西の聖人として紹介している廣池千九郎氏の場合はさわやかである。自分のこれまでのすべての利己的本能を排除して、世界人類の真の永遠の安心と平和を実現するために努力してきた苦労を、神が理解し受取り、報われたことに感謝している。

廣池千九郎氏を開学の祖とする麗澤大学に、比較文明研究センターが世界ではじめて設立され、その初代の所長に偉大な文明論者の伊東俊太郎先生が着任した。おかげで、私のごとき者まで創立以来二〇一七（平成二九）年まで、研究員・客員教授として比較文明研究センター（後に比較文明文化研究センター）としてかかわらせていただき、かつ、集中講義を大学院の学生に対して行うことができた。しかもその集中講義の内容を、これまで三冊の単行本として麗澤大学出版会より刊行していただいた（小林・安田、二〇〇三、安田ほか、二〇〇六、二〇一一[21]）。

### 梅棹忠夫氏・梅原 猛先生・伊東俊太郎先生とトインビー博士

一九五六（昭和三一）年のトインビー博士の来日は梅棹忠夫氏にも影響を与え、「文明の生態史観序説」（梅棹、一九五七[22]）を書く上で大きな刺激になったことは確実である。「トインビーという人がやって来た。［中略］　わたしは、トインビー説には感心したけれど改宗はしなかった」というこの有名な一文からはじまる『文明の生態史観』（梅棹、一九六七[23]）は、同じくトインビー博士に接して、トインビー流の文明論に深く傾倒し、それを完全に超克しようとはしなかった山本 新氏（山本、一九六一[24]）の学説とともに、日本の比較文明学を創設する契機になった。

梅棹忠夫氏と山本 新氏のトインビー博士の学説に対する接し方の相違は、東京と京都の学問のありかたの相違を反映しているのかもしれない。伊東俊太郎先生は東京大学の教授を務めた後、京都の国際日本文化研究センターの教授を務め、その後ふたたび関東にもどり、麗澤大学比較文明研究センターの初代の所長になった。伊東俊太郎先生（伊東、二〇〇八〜二〇一〇[7]）によって、東京と京都の学風がみごとに融合された。そのことによって、比較文明学は発展の原動力を得たと言えるだろう。

梅原 猛先生がトインビー博士のことをはじめて知ったのは三高の先生だった深瀬基寛氏の翻訳をと

おしてであった（梅原、一九七四[25]）。「私はトインビーの見方というものは正しいと思う」と富山県での講演（梅原、一九六八[26]）で述べている。そして京都で対論もしている。そのとき、トインビー博士は「二一世紀は東洋の文明の時代であり、東洋の精神が人類を救済する時代になるだろうと明確に語った」と梅原 猛先生は述べている（梅原、二〇一〇[27]）。当時は、梅原 猛先生が西洋の哲学から東洋の仏教の研究を中心とする東洋思想の研究に大きく方向を転換する時代にあたっており、梅原 猛先生の学問の形成にもトインビー博士は大きな影響を与えていたのである。

## 池田大作氏とトインビー博士

トインビー博士は偉大な経営の神様と呼ばれる松下幸之助氏とも会っている。松下幸之助氏は「仏教精神の力が社会において果たしている様を知りたいのであれば、池田大作氏に会うべきである」と進言している（池田大作とその時代編纂委員会、二〇一〇[28]）。後年、松下幸之助氏は池田大作氏に対し松下政経塾の塾長就任まで依頼するほどに、池田大作氏を崇拝していた。池田大作氏の中に、我々凡人にはわからない何かを発見していたのであろう。国際政治学者の若泉 敬氏（京都産業大学教授 当時）の推薦もあって、一九六九（昭和四四）年にトインビー博士は池田大作氏に対話を申しこんだ。一九七二（昭和四七）年には、廣池千九郎氏の精神を受け継いだ孫の廣池千太郎氏がトインビー博士を訪問し対論しているが、そのときの紹介者も若泉 敬氏であった。

トインビー博士と池田大作氏の対話は一九七二（昭和四七）年と一九七三（昭和四八）年の二回おこなわれ、その内容は『二一世紀の対話』（池田・トインビー、一九七五[29]）として刊行されている。

その『二一世紀の対話』は二九カ国語（二〇一七年五月現在）に翻訳されている。創価学会という特定の宗教教団のリーダーであるためか、池田大作氏が比較文明論に果たした功績は、比較文明学会ではまったくと言っていいほどに評価されていないが、トインビー博士は、仏教の精神に立脚して、新しい文明の時代を創造しようとしている池田大作氏の力を高く評価していたのである。

トインビー博士は東洋の思想なかんずく日本文明の精神の中に、すでに人類を救済する新たな「文明の精神」の可能性を見いだして」いた。池田大作氏との対話集（池田・トインビー、一九七五(29)）の中で、生命《いのち》の永遠性や神道への回帰が論じられていることからも推察できる。生きとし生けるものの生命《いのち》への畏敬の念を基本とする日本の神道や、法華経の「生命の法」の教えを基本とする日本の仏教の教えに強い関心を示したことは、晩年のトインビー博士の心の遍歴を知る上できわめて重要であると思う。

これにたいし、日本の比較文明の研究者たち（山本、一九七九、吉沢、一九八二、二〇一一、秀村、二〇〇二(30)）は、西洋のキリスト教の世界観の下で生まれ育ったトインビー博士の歴史の研究に心酔し、その翻訳と紹介に一生をかけ、そのトインビー博士の歴史の研究の教訓の中から、日本文明のあるべき未来を探求して、比較文明学会を創設するまでになっていた。

第二次世界大戦の敗戦で完全に自信を喪失していた日本人は、トインビー博士という偉大な歴史家が日本文明の未来にかぎりない期待をよせていること知って、うれしくなりその研究の紹介に没頭した。

トインビー博士を今世紀最大の歴史家として尊敬し、かつまたその学説の紹介にこれほど多くの研究者や宗教家までがかかわっているのは日本くらいであろう。トインビー博士にとって日本はかけがえのないよき理解者の国であり、日本を発見したことにより、自らの歴史の研究に永遠の命が与えられたのである。

トインビー博士は、キリスト教世界ではなく、東洋の思想なかんずく日本の多神教や仏教の生命文明の中に、人類を救済する「文明の精神」を見出していた、いや見出そうとしていた。

トインビー博士は未開と文明を区別せず、生きとし生けるものの生命《いのち》を畏敬し、風土とのかかわりの中に生命文明を位置づける日本の思想の中に、新たな人類を救済する「文明の精神」を見ていたと言ってよいであろう。未開と文明を区別し、都市の出現をもって文明の誕生と見なし、富や物質的豊かさに立脚した欧米のキリスト教世界の文明論の限界を感じていたのはまちがいないだろう。それが「暗中模索」という言葉として出てきたのではあるまいか。

## 四　文明の原理は文明の風土の産物

### 死んだふりして耐え忍んだ日本人

それにしても明治の福澤諭吉氏（福澤、一八七五(10)）はなぜ「文明の精神」を重視したのであろうか。その背景に、私は江戸時代の武士道精神の残影をみる。日本が第二次世界大戦で敗戦した直後にも同じような現象が引き起こされている。

ＧＨＱの指令によって神道の祝祭日はすべて禁止された。たとえば「春季皇霊祭」は「春分の日」の祝日となり、「秋季皇霊祭」は「秋分の日」の祝日になった。

しかし、所功氏（所、二〇〇八(31)）が指摘しているように、その春分の日の趣旨には「自然を讃え、そして生き物を慈しむ」と書かれ、「秋分の日」については「祖先を敬い、なくなった人を偲ぶ」日と定めているのである。さらに「こどもの日」の制定は子どもの成長を祝う桃の節句や菖蒲の節句の日本文明の伝統をうけたものであり、その日は「こどもの人格を重んじ、こどもの幸福を図るとともに、母に感謝する」日とさだめられた。

それはまさに縄文時代をへて稲作漁撈社会にはいっても、女性中心の伝統を強く持ってきた日本文明の精神がそこには発露している。当時、法律を制定した日本人の心の中にはまだ、戦前・戦中の日本文明の精神が残存していたのである。

川窪啓資氏（川窪、二〇〇〇[20]）は「日本は西欧に魂を奪われたと見せかけることによって、実際には西欧の侵略者を武装解除させていたのかもしれない」と述べている。第二次世界大戦の敗戦によって、ダグラス・マッカーサーの下、GHQが侵略する中で、「日本人はまさに死んだふりをして」（村上・安田、二〇一〇[32]）耐え忍んだのである。

## 「文明の精神」が変貌するには時間がかかる

しかし、文明のハードウエアとしての制度・組織・装置系が浸透し、社会の根幹を形成するようになると、ソフトウエアとしての「文明の精神」も大きな変質をせまられる。戦後のGHQの占領政策とアメリカ型文明のハードウエアを導入してから七〇年たって、日本人の心には大きな変化が顕著に表れてきた。子どもを大切にしてきたはずの日本人がいつしか、子どもをいじめ殺し、なかには洗濯機にまで入れて殺す親まで現れてきた。

文明の外殻と文明の内核の変化の時期とスピードにはずれがあるのではないか。内核の「文明の精神」の変化は外殻の制度や装置の変化に五〇年以上遅れるのではないか。

ではなぜ文明のソフトウエアとしての「文明の精神」が変わるには時間がかかるのか。それは「文明の精神」が、文明の風土と密接に関連しているからである。文明の風土が「文明の精神」を形成する上できわめて大きな役割を果たしているからである。ハードウエアとともにやってきた新たな「文明の精神」が風土化するには時間がかかるのであろう。

「文明の精神」は文明の風土と密接不可分のかかわりを持っている。「文明の精神とは、風土と人間活動との相互関係の中で生まれてきたものである」と言ってもよい。まったく異質の風土で育った「文明の精神」が、異なる風土の中に浸透するには時間がかかるのである。それほどに風土は「文明の精神」ひいては「文明の原理」に大きな影響を与えているのである。

## 風土の影響を評価した環境決定論者

人間がつくる文明もまた風土の産物なのである。文明を風土の産物と見なす文明論は、日本人になじみやすい文明の定義なのではあるまいか。

和辻哲郎氏の名著『風土』（和辻、一九三五(33)）が世に問われて、八〇年以上が過ぎた。その風土論は今も、日本人の心をとらえてはなさない。それは和辻哲郎氏の風土論の精神が、日本の風土で育った日本人の「文明の精神」を反映しているからなのである。グローバル化が進展する時代であるが故に、逆に自らが育った大地の風土性が、風のかおりが、波の音が、人々の心をゆらすようになったのである。

これまでは「人間が風土的限定を背負っている」と言うと、あたかも人類の未来への発展を閉ざす宿命論者のように言われた。地理学を専攻した私は、環境決定論者と言われ、地理学会からは阻害されて、ながらく不遇をかこった（詳しくは安田・高橋、二〇一七[34]）。

しかし、環境決定論は非科学的な理論だというのは、地球の資源が無限にあるかのように人々が錯覚していた時代にのみ通用するごまかしだった。近年の遺伝学の研究は、「環境決定論」こそ真の正しい科学的理論ではないかということを実証しはじめている。それは村上和雄氏（村上、二〇〇九[35]）が紹介された「エピジェネティクス」というブルース・リプトン博士が提唱した新しい理論に端的に示されている。

これまでは遺伝子が身体や性質まで決めると思われていた。あれは遺伝病だとか、あの家系の遺伝子は悪いと巷ではうわさがながれた。ところが、リプトン博士は人間の行動を決定しているのは、体の中の遺伝子ではなく、人間を取り巻く環境が、遺伝子情報のスイッチをオンにしたりオフにしているという「エピジェネティクス」説を提唱したのである。そしてこの「エピジェネティクス」理論こそ、近年もっとも注目されている遺伝子理論なのである。

気候や森、砂漠、鳥の声、虫の声、食物や文化的伝統、さらには社会や経済の在り方、人と人のかかわりの在り方を決めるコミュニティー、人間が生きていくためにかかわらざるを得ない風土こそ、遺伝子のオン・オフに大きな影響をあたえていると言うのである。これは「環境決定論」そのものではあるまいか。

## 人間は地球の風土の産物

「私は日本の風土の産物などではない！」と言う人も、「自分が地球という風土の産物である」ことは否定できないだろう。宇宙飛行士の野口聡一氏でも、半年間宇宙に滞在すれば、地球に帰還したときには、立つことさえできず、その後長い間、地球の風土に適応するためにリハビリを余儀なくされるのである。

大塚邦明氏（大塚、二〇一〇[36]）が述べているように、骨粗鬆症患者は一年間で約一・〇〜一・五パーセントもの骨量が減少する。ところが宇宙にいるとその五〇倍ものスピードで減少する。視力が低下し、耳が遠くなり、めまいを感じ、味覚が異常になり食欲が低下する。免疫力は低下し、病気になりやすくなり、不眠症になる。地球に帰還したときには、まさに老いさらばえた高齢者とまったく同じで、自分で歩行が困難になり、よちよち歩きになり、身体のバランスが保てなくて、廊下の角を曲がれず、壁にぶつかってすぐに転倒する。

宇宙医学が明らかにした最新の結果は、人間は地球という風土の産物なのであり、地球を離れたら急速に老化し、まともには生きられないと言うことである。骨量の喪失を見ただけでも地上の五〇倍も速いスピードで消失していく。「骨量の喪失からのみ見れば、地球では五〇年生きることができる人も、宇宙ではたった一年しか生きられない」のである。

人間は地球の風土の中でしか生きられないし、その風土的過去を背負って生きているのである。さらにミクロに見れば、人間は生まれ育った風土と、長期間滞在する場の風土に支えられて生きているのである。ローカルな風土的過去からも大きな影響を受けているのである。

## 自らの風土性を発見する

ローカルな風土とのかかわりにおいて醸成された自らの身体と精神、そしてその上に発展した文明の原理の重要性を、もう一度発見することが必要なのではあるまいか。

個々の風土に適応した文明のあり方を未来に取り戻すことが必要なのである。文明も風土の産物なのである。風土から離脱した文明など存在し得ないのである。これまでの文明論者は「地球の重力から離脱」する遠心的文明論に自らの文明論の究極の目的意識をおいていた（外村、二〇〇八（37））。

私は地球の重力からの離脱を目指す文明論ではなく、地球の風土に埋没する求心的文明論の展開が、これからは必要なのではないかと思う。そして文明とは、普遍的で移転可能なものだけをさすというこれまでの文明論は、再検討されるときにきたのではなかろうか。文明は移転可能な制度・組織・装置系からなるというこれまでの文明論に、「文明の精神」性を追加し、文明の風土性を追加することが必要なのではあるまいか。そのことによって、文明は二一世紀の人類に繁栄を約束することができるのではないか。

新たな「文明の原理」を構築する上において、ぜひとも必要なことは、「文明の精神」性と文明の風土性を追加することなのである。

文明はソフトウエアとしての「文明の精神」を持つとともに、それ自体が風土の影響を強く受けたものなのである。かりに普遍的な制度・組織・装置系がやってきたとしても、それを自らの「文明の精神」の中に同化し、風土化することができる文明のみが、持続的な文明たりうると言うことができるだろう。

その意味において自らの「文明の精神」を見失うことなく、自らの文明の風土性に謙虚に耳を傾けてきた日本文明は、持続性の高い文明であると言えるのではあるまいか。そして、その持続性の高い日本文明の原点は、縄文の「文明の原理」から出発しているというのが私（安田、二〇一六（38））の考え方である。

## 風土的過去を背負った文明という視点

西欧では人間の理性が全てを創造し、万物の霊長としてさんぜんと輝く。しかし、その考えは、西欧の風土のもとにつくられた考え方だった。日本の風土のもとに育った者にとっては、それはあまりにも人間中心的な考え方だった。日本人にとっては、けっきょく人間は自らが育った風土の産物のように思える。人間は風土の産物なのであり、風土的過去を背負って生きているのと同じく、文明もまた風土の産物であり、風土的過去を背負って生きているのである。

今、あらゆる科学にもとめられている視点は、人間が風土を改変し、開発して豊かになるという視点ではなく、人間存在がいかに風土に影響されているかを解明する視点なのではないか。新たなサイエンスのテラインコグニータ（未知の大地）はここにあると思う。文明を風土と精神との関係において、もう一度とらえ直すことが必要なのである（図3-1）。

百億近い人間が、この小さな生命の惑星地球で、

**図 3-1　中国湖南省道県月刻岩周辺の桃源郷のような風景**
左：月刻岩から見た晩秋の水田．右：月刻岩から見た桃源郷のような風景
（撮影　安田喜憲）

限られた資源をわけあって暮らすことをよぎなくされる二一世紀の新たな科学のフロンティアは、風土が、人間の心や体、文化や文明にいかなる影響を与えているかを、科学的に解明する視点にある。

こうした文明の原理を規定する文明の風土については、麗澤大学比較文明文化研究センターの先生方との『対論　文明の風土を問う』（安田ほか、二〇〇六[21]）で論じたので、あわせて御参照いただければ幸いである。

## 五　グローバル化と市場原理主義の闇

### 森と水の楽園

ほこりだらけのカイロと砂漠の国エジプトから十時間、眼下に美しい緑の大地が見えてきた。カイロからわずか十時間でタイのバンコクに到着する空港に降り立つとハスの花（第三章扉およびカバー写真）や水と緑にあふれる風景が目に飛び込んできた。地球はなんと美しいのか。

生命《いのち》の鼓動さえ感じられない砂漠で、二カ月以上暮らし、ほこりまみれの体をひきずって、わずか飛行機で十時間、亜熱帯の森と水の楽園に到達できる。小さな惑星の地球には、氷河があり、砂漠があり、熱帯の森がある。この地球の多様性こそ宝なのである。

どうしてこのような美しい多様性のある世界を、だれが創造できたのであろうか。

人類はこの多様性のある風土に適応して、美しい文明の華を咲かせてきた。乾燥した砂漠のエジプトではピラミッドのようなシンプルな建築物（目次写真参照）がつくられた。これに対し東洋の生命《いのち》に満ち溢れた世界ではアンコールワットやボロブドール遺跡（図３－２）のように、一見ごてごてした印象をあたえる建築物がつくられた。

## 人間存在と風土を突き崩す金

人間存在はこの地球の風土の多様性とは無関係ではない。砂漠に生まれた人は砂漠の心を、森に生まれた人は森の心を持つことを最初に指摘したのは、鈴木秀夫先生（鈴木、一九七八[39]）であった。それが砂漠のピラミッド（目次写真参照）や森のアンコールワットやアンコールトム（目次写真参照）として結晶した。

人類は誕生以来、この美しい地球の風土の多様性にぴったりと適応して、それぞれの風土に適応した文明を創造してきた。人類（ホモ・サピエンス）にとって風土に適応した文明を創造した時代がもっとも幸せな時代であったのかもしれない。

ところがこの地球を一つの価値観が席巻する時代がはじまった。一五世紀の地理上の発見がそのはじまりであり、一七世紀の科学革命と一八世紀の産業革命以降、人類はヨーロッパに起こった近代工業技

**図 3-2　インドネシア，ボロブドール遺跡**
湿潤なインドネシアではボロブドールのような一見ごてごてした建造物がつくられた．（撮影　安田喜憲）

術文明を我先に手にいれようとするようになった。それがグローバル化という美名のもとに全世界を覆い尽くした。近代工業技術文明の爆発が引き起こされたのである。すくなくともそれ以前の文明はローカルな風土的過去を反映し、ローカルな風土に適応した文明だった。

しかし、産業革命以降の近代工業技術文明の爆発は、グローバル化という美名のもとに、ローカルな風土との関係の中で数千年にわたって維持されてきたこれらの文明を駆逐した。

風土と調和した「文明の原理」を突き崩す先兵となったのは、金融資本主義だった。世界はこのグローバル化による金融資本主義の蔓延の中で、近代ヨーロッパ人の価値観を最高のものとする一元化の時代へと突入しはじめた。

それでも地球は美しい生命《いのち》の多様な世界を維持し続けた。

ところが金融資本主義は、この地球の生命《いのち》の多様性、風土の多様性をも突き崩しはじめた。金融資本主義は地球環境問題を引き起こし、地球から多様性さえ奪おうとするまでになった。

## マネーに対する欲望

二一世紀の世界の発展は、グローバル化と市場原理主義とマネーに対する欲望の爆発を、どう超克するかにかかっている。

人間の欲望の解放を中心に据え、「過去に対する感謝と、未来にたいする責任」を放棄した市場原理主義と金融資本主義が、「物質エネルギー文明」を牽引する制度・装置系になったとき、近代ヨーロッパにはじまる「物質エネルギー文明」の「文明の原理」は、あきらかに人類文明史を牽引する「文明の原理」ではなくなった。にもかかわらず、現代の世界を席巻しているのは、マネーに対する欲望である。

このマネーの欲望を中心とする「文明の原理」に立脚した制度・装置系は、生命《いのち》の連鎖を破壊し、この地球の生きとし生けるものの生命《いのち》を奪い、弱者と強者の人間関係を増幅させ、自然を破壊する心の痛みを失わせ、同胞の人類を搾取していることに対する倫理的規範さえ奪ってしまった。それは生命《いのち》の連鎖を繋ぎたいと言う「地球の意志」に反する行為であり、ローカルな風土と調和して、持続的な文明を構築してきた人間を排撃する「文明の原理」だった。

比較文明論者では服部英二氏（服部・安田、二〇〇六[40]）や金子晋右氏（金子、二〇〇八[41]）が、経済学者では宇沢弘文氏（宇沢・内橋、二〇〇九[42]）や中谷 巌氏（中谷、二〇〇八[43]）ら、先見の明のある多くの有識者は、その市場原理主義の横行に警告を発していた。私も拙著『山は市場原理主義と闘っている』（安田、二〇〇九[44]）で、市場原理主義の横暴・金融資本主義に警告を発した。しかし、その市場原理主義・金融資本主義をみずからの文明の原理として、世界を支配したアメリカは、その「文明の原理」とそれが生み出した制度・装置系にいまだに固執し続けているし、中国は経済の分野において、金銭的インセンティブ優位の市場原理主義の経済体制をとり、世界の資源をはげしく収奪し、地球を支配する大魔王にまでなろうとしている。

## 人類を奈落に突き落とす文明史の公理

ここにひとつの格言がある。それは「文明はその文明を繁栄に導いた文明原理によって、崩壊する」ということである（安田、二〇一六[38]）。その人類文明史の公理がまたもや、人類を奈落の底に突き落とそうとしている。「金儲けすることが唯一だ。他人やましてやこの地球上の生きとし生けるものの命など知ったことか。今がよければいい。未来に対して責任などまったく持てない」という考えが、人類を奈落の底に突き落とそうとしているのである。

伊東俊太郎先生（伊東、一九九〇(45)）が世界で初めて指摘したように、自然を征服して人間の王国をつくるというフランシス・ベイコン、自然をたんなる機械と見なすルネ・デカルトの思想が、自然を搾取することに何ら倫理的責任やうしろめたさを感じさせない「物質エネルギー文明」の文明原理を生みだした。だが、二一世紀にはいって、自然を支配し、生きとし生けるものの命を奪いつくし、人間だけの幸福のみを考えてきたつけが、爆発的な人口増加と、環境破壊、そして化石燃料の過剰使用による地球温暖化としてはねかえってきたのではあるまいか。

ニューヨークの巨大な摩天楼も中国の北京や上海の巨大ビル群も、あれだけ自然を一方的に収奪したら、できるのはあたりまえと思うのは私だけだろうか。

## 新たな「文明の原理」は地球環境の危機の時代に生まれた

これまでの人類文明史の原理に転換をもたらす契機をつくったのは、気候変動などの地球環境の変動によって引き起こされた危機だった。危機の中で人類は新たな「文明の原理」を模索し、新たな時代を創造してきた。その事実の発見は私の環境考古学研究（安田、一九八〇、一九九二(46)）が比較文明論に貢献した大きな成果だった。

地球環境が大きく変動することによって、それまでの「文明の原理」は役に立たなくなり、放棄され、新たな「文明の原理」を構築する必要性に迫られた。

これまで人類は、地球環境の変動によって引き起こされた環境の危機に直面したとき、新たな「文明の原理」を導入することによって、たくみに切り抜けた。新たなハードウエアの制度・組織・装置系とソフトウエアの「文明の精神」を創造して、新たな文明の時代を構築してきた。

地球を支配した近代ヨーロッパ以来の「物質エネルギー文明」もまた、地球環境の変動によって二一世紀に危機に直面しつつある。しかしその地球環境の変動は、人間が自らつくりだした環境変動である。これまでの文明の転換をもたらした地球環境の変動とは根本的に相違する。

これまでの文明原理の転換を強要したものは、気候変動など、人間の手ではどうすることもできない自然の大変動だった。ところが今回の地球環境の変動は、人類が自らの手でつくりだしたものであり、これまでの文明の原理の転換が起こった時代の地球そのものの変動とはまったく異質なものである。それ故に、人類が新たな「文明の精神」を獲得し、自然と共存・共生することにめざめ、それにもとづいた制度・組織・装置系をつくることをすれば、その危機の克服は容易であると思われる。

## 人間の欲望が待ったをかけた

しかし、そこに立ちはだかってきたのが人類の欲望、人類の生きる力の源を形成する欲望なのである。

それはこれまでの何回にもわたって地球環境の変動とのかかわりにおいて引き起こされた危機の時代に、実証済みのことであるが、人類は未曽有の危機に直面しなければ、これまでの文明原理のもとで培われた欲望を容易には放棄できなかった。新たな文明原理のもとでの欲望に、人類が満足し、したがう

ために は、未曽有の危機が必要だった（安田、二〇一六[38]）。

「地球環境との関係において引き起こされた危機はかならず繰り返される」というのも私（安田、二〇一〇[47]）が提言した人類文明史の公理であるが、人類が新たな文明原理を獲得するためには未曽有の危機が必要なのである。

しかし、その危機がジャック・アタリ（アタリ、二〇〇八[48]）の言うように核戦争によってもたらされるとしたら、それは人類（ホモ・サピエンス）の絶滅にもつながる。

それ故、二一世紀の危機は、これまで人類が体験したことのない危機なのである。内なる欲望、生命《いのち》の力を形成する欲望が足かせになってきたのである。

人類はこれまで危機の時代を生き延びてきたように、新たな「文明の精神」に立脚した「文明の原理」を創造し、文明を再定義しなおすことが必要になってきたのである。新たな制度・組織・装置系を構築して、この二一世紀の危機をのりこえる新たな文明の時代を創造しなければならなくなったのである。

どうすればその危機をのりこえられるのであろうか。3・11東日本大震災、フランスで起こった連続テロ、イギリスのEU離脱をはじめ、二〇一八年の西日本の豪雨や熱波など、これまでの常識では考えられない危機に人類は見舞われはじめた。

「物質エネルギー文明」を構築し自然を支配し人間と家畜だけの王国を構築することに成功するかに見えた人類は、今、はげしい格差社会と自然破壊の中でもがき苦しみはじめた。アジア人を見下す欧米人の態度は、そうかんたんには改めえ得ない。しかし、次代の文明は、自然を人間の都合のいいように一方的に収奪する欧米文明からは生まれ得ないであろう。

アジア人は植民地化され見下された侮蔑の中で、日本人がそうであったように、新たな文明の光を欧米の「物質エネルギー文明」の中に見いだしてきた。自らの祖先たちが何千年にもわたって築いてきた歴史と伝統文化を古くさいものとして投げ捨て、欧米文明の申し子としてひたすら歩んできた。もちろん、とうのアジアの人々が自らの歴史と伝統文化を、古くさいものとして投げ捨てているのであるから、新たにやって来た欧米人は「そうだろう、言ったとおりだろう」とほくそえみ自信を持つ。日本文化や熱帯の文化のすばらしさに早くから気づいたトインビー博士やクロード・レヴィ＝ストロース博士など一部の人をのぞいて、欧米人には、アジアや中南米の歴史と伝統文化から学ぼうとする姿勢はついぞ見られなかった。アジアや中南米の歴史と伝統文化は打ち捨てられ、忘却のかなたの存在になった。

### 自然資源を一方的に収奪する闇

ところが欧米文明は、自然を一方的に収奪するという闇を持っていたのである。

予想外に欧米文明の底はあさかった。ニューヨークの摩天楼は自然を一方的に収奪した結果の産物であることに、アジアの人々は気づきはじめたのである。自然を破壊しつくすことなく、生きとし生けるものとともに、千年も万年もこの美しい地球で暮らすことに最高の価値を置いたアジア人の生活様式（ライフスタイル）の重要性に気づきはじめたのである。

## 六　文明の再定義

## 文明は都市市民だけのものか？

文明は英語の Civilisation の訳であり、Civilis は都市の形容詞であり、Civilisation は都市民身分を持つことだ。だから都市革命以降のものを文明と呼ぶというのは伊東俊太郎先生（伊東、一九九〇[45]）の定義である。同じように染谷臣道氏（染谷、二〇一〇[5]）も「文明はあくまでも根元的には都市（国家）という人類史上新たに出現した社会体制を基盤としていることを強調しておきたい」と述べている。伊東俊太郎先生や染谷臣道氏の定義は福澤諭吉氏（福澤、一八七五[10]）が Civilisation を文明と翻訳したときの意図とは大きく相違している。

染谷臣道氏（染谷、二〇一〇[5]）は文明にプレ文明とポスト文明を設定し、プレ文明とは都市化以前すなわち文明以前の文化であると言う。染谷臣道氏はプレ文明と文明の間には優劣はなく、そこにあるのは技術の発達の違いだと言う。一方、文化には技術の発達はないと言う。染谷氏は文明は都市発生以降だと強弁しながら、それ以前をプレ文明と呼ぶ。いささかわかりにくいが、染谷臣道氏は今ゆれているようにも見受けられる。

しかも、染谷臣道氏は「古今東西の文明で人間の心身に望ましいような文明はあったであろうか。一部の人間にとって望ましいが、大多数の人間にとっては決して望ましいとはいえないような文明ばかりではなかったか」とも述べている。長らくインドネシアの調査を行ってきた染谷臣道氏は、西欧文明に未開・野蛮としてさげすまされ、動物のような扱いを受けてきた人々の心の悲しみを十分すぎるほど理解している。

染谷臣道氏はそのインドネシアの人々の暮らしの中にも、文明の原理を発見していたはずである。しかし、比較文明論の主流は欧米人によって定義された都市化以降だというものである。キリスト教的世界観に強いあこがれと影響を受けて設立された比較文明学会の前会長（二〇一八年当時）として、かつ自らもキリスト教系の大学の教授・名誉教授として、文明は都市化以降だと強弁しなければならないその染谷臣道氏の姿に、私は葛藤の苦しみの影を見る気がする。

科学は心の深奥から発する自らの直感に正直に立脚して行うべきものである。学会の潮流がどうあれ、欧米人がなんと言おうと、自分が心底自信を持って発言したことは、かならず後世において一定の評価がくだされると、私は確信している。

## 稲作漁撈民の都市と畑作牧畜民の都市は違う？

「都市化以降を文明だ」というこれまでの文明の定義について、私はそれは欧米人の考え方であって、この畑作牧畜民（安田、二〇〇九[49]）の考え方を再定義しなければならないと考えている。「縄文が文明だ」と言うのは、私の文明再定義への意志表示のシンボルなのである。

私の文明の定義は「その地域固有の風土に適応し、人間独自の自立的エネルギーシステムを持った、普遍的・持続的な文明原理が確立したときをもって、文明の誕生と見なす」というものである。それは松井孝典氏（松井、一九九八、二〇一〇[50]）が最初に提唱した人間圏と重なるものである。

人間がこの地球に人間圏を構築し、人間を核とする駆動力をそなえたエネルギーシステムを構築した段階、具体的には農耕革命段階以降を、文明と見なしてさしつかえないと考えている。図3-3は文明の変遷とエネルギーシステムの変遷を松井孝典氏（松井、二〇一〇[50]）の人間圏の模式図に準拠し

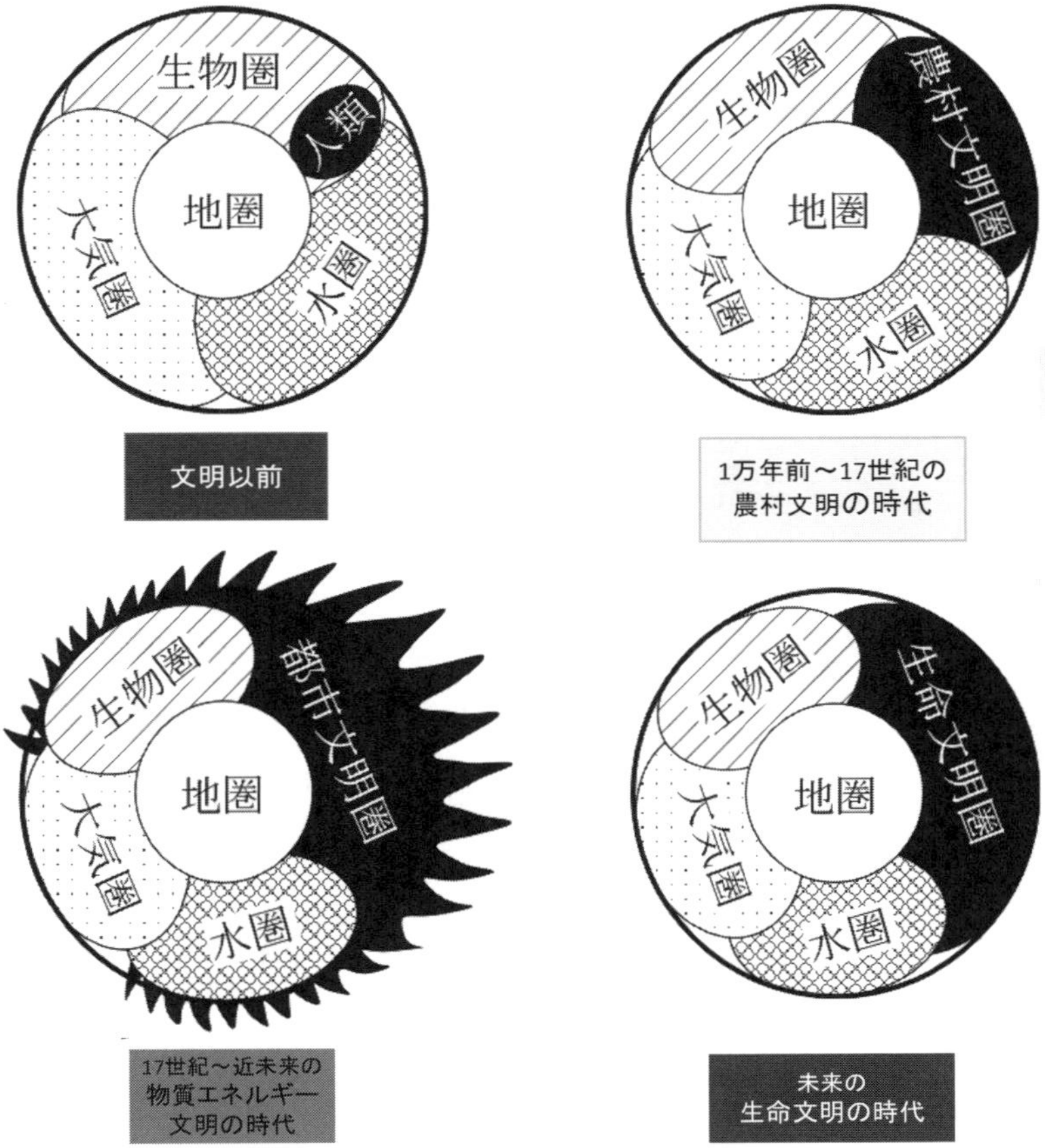


**図 3-3　文明の変遷とエネルギーシステム**（筆者作成）

文明以前（左上）：地球のエネルギーシステムの中で，人類の占めるエネルギーはたいしたことはない．

農村文明の時代（右上）：地球のエネルギーシステムをこえることはなかった．

物質エネルギー文明の時代（左下）：地球のエネルギーシステムをこえて，人類のエネルギーシステムは爆発した．これが現代である．

生命文明の時代（右下）：未来は再び地球のエネルギーシステムの中に，人類のエネルギーシステムも収まるのを理想とする．

ながら図示したものである。松井孝典氏と私が対論した『地球文明の寿命』（松井・安田、二〇〇一[51]）で、人間圏の重要性が指摘されたが、その人間圏と文明は重なっている。

それが地球という風土の中で文明を考える私の文明史観（安田、二〇〇九[49]）である。都市の誕生をもって文明の誕生と見なす必然性はどこにもない。梅棹・伊東流に言えば、私は風土に適応した人間独自の普遍的・持続的なハードウエアとしての制度・組織・装置系と、ソフトウエアとしての「文明の精神」が自立的に確立したときをもって、文明の誕生と見なすのである。それは人類が農耕革命を行ったときにはじまる。

**図 3-4　イスラエル，死海低地のジェリコ遺跡**

上：遺跡周辺の風景．乾燥したイスラエルの死海低地は，最初に畑作牧畜民が人間圏を形成した所かもしれない．
下：発掘されたジェリコ遺跡．
（撮影　安田喜憲）

イスラエルの死海低地にあるジェリコ遺跡（図3-4）は、一万一〇〇〇年前にさかのぼる麦作農耕の都市遺跡であるが、立派な石で構築した塔や日干しレンガの住宅など、あきらかに人間独自のエネルギーシステムを持った人類の居住の痕跡が残されており、人間圏が構築されはじめたことが読み取れる。このジェリコ遺跡は、畑作牧畜地帯において、最初に人類が文明への第一歩を踏み出したところの一つと言えるだろう。

縄文時代は佐々木高明氏（佐々木、一九八六(52)）が言う原初的農耕も行い、クリ林などの半栽培を確実に行っていた（安田、二〇一七(53)）。高度な漁撈の技術を発展させ、定住集落は完全に人間独自のエネルギー循環システムを構築していた。すなわち人間圏の核となる人間独自の駆動力を備えた定住集落を形成していたのである。

しかもその生活様式（ライフスタイル）は縄文人だけでなく、トリンギッダ族やハイダ族に代表される北米のネイティブ・アメリカン（アメリカ・インディアン）など、「北太平洋の半栽培漁撈民」に共通の普遍的な生活様式（ライフスタイル）を有していた。二〇〇二（平成一四）年に私（安田、二〇〇二(54)）はそれらを、独自のエネルギーシステムを持った「半栽培漁撈文明」と呼んだ。

## 縄文は文明か？

文明の誕生とは「その地域の風土に適応した、人間独自のエネルギーシステムを持った人間圏を構築し、普遍的・持続的な文明の原理が確立したときをさす」のである。

「縄文は文明ではない、縄文は文化だ」と日本の考古学者は指摘してきた。たしかに、富と物質的豊かさの外殻のハードウエアにのみに着目して縄文をみれば、縄文は文明ではない。しかし、私（安田、一九九七(55)）が「縄文は文明だ」と言うのは、縄文文明の中に、「物質エネルギー文明」が生みだした、この二一世紀の地球と人類の危機を救済できる文明原理が存在するからなのである。

縄文の精神とそれが生みだした社会や経済組織は、一万年以上も持続性を維持し、ネイティブ・アメリカン（アメリカ・インディアン）などにも見られるように、普遍的な社会・経済組織を構築していた。だから私にとっては縄文も文明なのである。一九九七（平成九）年の段階において私（安田、一九九七[55]）は、縄文の文明原理として八つの文明原理を指摘した。その八つの縄文の文明原理とは、次の通りである。

図 3-5　秋田県鹿角市の大湯環状列石（撮影　安田喜憲）

①自然との共存・共生
②平等主義
③文字を持たない
④土器づくりへの執念
⑤女性中心
⑥アニミズム
⑦日本の原型
⑧戦争のない平和な世界

一万年以上にわたって戦争をすることなく、人と人が集団で殺し合いをすることのない社会を維持し、自然と共存・共生する文明を内核とした縄文の文明原理と、その文明原理がつくりだした外殻としての縄文社会の制度・組織・装置系に学ぶことが、今こそ必要なのではあるまいか（安田・大島、二〇一一[56]）。「縄文は文明ではなく文化だ」と言ってしまったら、縄文から二一世紀の新たな文明を創造する「文明の精神」を学び、それを未来の新たな文明原理の構築に役立てようとする芽はつまれてしまうのではなかろうか。

## 七　農村文明の提唱

### 文明は都市市民のものというのは畑作牧畜民の文明概念

二〇〇九（平成二一）年のトインビー生誕一二〇周年の年に、私が比較文明学に貢献したことがあるとするならば、それは「農村文明」を提唱した（安田、二〇〇九[57]）ことである。欧米で生まれた文明概念に東洋の新たな概念を付与しなければ、新たな時代をもはや構築できないことは明らかである。だれしもが近代ヨーロッパで誕生し、世界を席巻した欧米の「物質エネルギー文明」に危機を感じ、人類の未来に不安を抱くようになった今、文明をハードウエアの側面でのみ捉え、都市市民の側面でのみ捉える文明論は確実に限界に近づいていると私には思える。それゆえ私は「農村文明」を提唱したのである。

### 日本の農山漁村の再評価

都市市民の文明に、あらたな自然との持続的共存、生きとし生けるものとの共生の原理を追加し、新たな「文明の精神」を導入しないことには、もはや新たな文明の時代は切り開き得ないのである。その自然との持続的共存、生きとし生けるものとの共生の文明原理・「文明の精神」を縄文時代以来温存してきたのは、とりもなおさず日本の農山漁村である。

比較文明研究　第一五号に掲載されている服部英二氏『文明は虹の大河』(服部、二〇〇九[58])の書評の中で、岩澤知子氏（岩澤、二〇一〇[59]）は「今や我々は、こうした西欧中心の歪んだ文明像を脱却し、新たな文明理解へと向かわねばならない」と服部英二氏の文明論から多大の影響を受けた意見を披露している。「農耕革命」や「都市革命」は伊東俊太郎先生（伊東、一九八五[9]）が世界ではじめて命名した人類文明史の画期である。

その「都市革命」は「農耕革命」の延長線上で誕生している。しかも畑作牧畜型の欧米の都市と稲作漁撈型の東洋の都市はその機能や形態の面において相違していることが私（安田、二〇〇九[49]）の研究から明らかとなってきた。欧米の畑作牧畜型都市からのみ誕生したとされる文明の概念を、そのまま東洋の稲作漁撈型都市にあてはめることには、どうしても無理がある。

都市文明の在り方は、その前提となる農耕革命の在り方によって大きく相違する。都市文明のモデルを欧米の畑作牧畜型のモデルにもとめるから、どうしても無理があるのである。欧米の都市は明白に城壁を備え、ラクダなどによる交易と消費のセンターとしての機能をもって、農村とは明白に分離されていた。さらに都市の中には富の搾取のシンボルとしての王宮がそびえ、王宮の前には家畜を囲い入れる広場があり、それが今ではシティー・センターとして機能していた。ところが東洋の稲作漁撈型の都市は城壁にかわって水利灌漑のための環濠をもち、水上交通が重要な役割を果たす。なかには日本のように、明白な城壁を持たないものがある。かつ都市は豊穣の儀礼をおこなうなど生産活動と密接にかかわるセンターでもあり、王宮よりも祖先を祀る神殿が重要な役割を果たす。稲作漁撈型都市では、都市と農村の区別があいまいである。東洋の稲作漁撈型都市は、農村の延長に出現してきたという性格を有している。

近現代の西洋のフランスやドイツ等の諸都市は、明白な都市計画によって美しい街並みが維持され、壁の色はもとより、屋根の傾斜にいたるまで、事細かな規則が決められている。ところが、日本の現代の都市はまったく金銭的欲望のままに、ゲリラ的に拡大し、計画性がない。日本の現代の都市は、西洋の視点から見れば、はなはだ未成熟であると見なされる。日本人は、都市市民としてはいまだ未熟なのである。日本の都市市民は、いまだ農山漁村の色濃い陰を引きずっているのである。

## 稲作漁撈民には畑作牧畜民の文明概念はなじまない

もし文明を伊東俊太郎先生や染谷臣道氏のように厳格に Civilis つまり都市市民に限定するものであるとするならば、「欧米の畑作牧畜型社会で生まれた都市文明の概念は、日本の稲作漁撈型の都市にはあてはめられない」「やはり都市文明という概念は欧米人のものであり、日本の稲作漁撈民には、欧米の都市文明の概念はなじまない」と私は言いたい。

私（安田、二〇〇九[49]）は欧米の畑作牧畜型の社会で生まれた文明を純粋な意味で都市文明と呼び、東洋の稲作漁撈型の社会で生まれた文明を農村文明と呼んで区別した。図３‐６には都市文明と農村文明のハードウエアとしての制度・装置系を、図３‐７には都市文明と農村文明のソフトウエアとしての「文明の精神」を比較対照して示した。

**都市文明の**
**制度・装置系**：
城壁《戦争・農村と都市の隔絶》
王宮《搾取と富のシンボル》
金属《殺し合いのシンボル》
文字《交易と搾取・人間不信の契約のシンボル》
銀行と市場《お金と交易》
広場《家畜を囲い込み人が集まる》
教会とモスク《地球の重力からの離脱》

**農村文明の**
**制度・装置系**：
山《天地の結合　死んだら行くところ》
川《水の循環》・環濠・水田《生物多様性》
森と生き物たち《生命に満ち溢れた世界》
文字のない説話《言霊》
金属器の武器がない《人殺しがない》
村《平等社会》
神殿と寺院《アニミズム、利他と慈悲の心
豊穣の祈願　地球の重力に埋没》

図 3-6　都市文明と農村文明の
ハードウエアとしての制度・装置系

**都市文明の精神**：
① 消費の喜び
② 交易・物流の繋がり《人と物》
③ 搾取と破壊・暴力の精神
④ 個人主義の精神《公共心の欠如》
⑤ 欲望の刺激
⑥ 人間中心の精神
⑦ 利潤とお金中心

**農村文明の精神**：
① 命あるものを生産する喜び
② 生命と水の繋がり《人と自然》
③ 共生と循環の精神
④ 相互扶助システム《結・公共心》
⑤ 欲望のコントロール《共同体》
⑥ 自然との共存・共生の精神
⑦ 生命中心

図 3-7　都市文明と農村文明の
ソフトウエアとしての精神

文明のハードウエアとしての畑作牧畜型の都市の装置系は、城壁をそなえ、農村とは明白に隔絶して、消費と交易のセンターであり、牧童の親分としての王が君臨する王宮がそびえ、城壁に囲まれた内側の富を守るために金属器の武器が発達し、租税を徴収し契約を履行するための文字が発展した。文字は他人を信用しない畑作牧畜民のものである。都市の中心には教会やモスクが天に向かってそびえたち、地球の重力からの離脱と、天国へのつよい指向性を示す。教会のそばには大切な財産である家畜を囲い込む広場があり、それはのちに銀行などの都市の富が集中するシティー・センターになった。

一方、稲作漁撈型の都市の装置系は、天地を結合することによって水田稲作にはなくてはならない豊穣の雨をもたらす山や、森里海の生命《いのち》の水の循環系を維持する川、そしてその延長としての生命《いのち》の水をたたえる環濠や水路、生きとし生けるものの生命《いのち》を育む森が重要である。金属器は生産の用具としては使っても、人殺しの道具としては使わず、文字以上に言霊を重視した。

「稲作漁撈民が文字に強い関心を示さないことが文明ではないさいたる点である」と、これまで言われてきた。畑作牧畜民がつくり出した聖書やコーランのように経典のある宗教は高等宗教であり、稲作漁撈民の宗教である神道には経典がなかった。

だから神道は原始宗教だとまで言われてきた。しかし、文字によって二〇〇〇年前の人の心が聖書やコーランに記録されたために（もちろんそれは素晴らしいことではあるが）、二〇〇〇年後の人々は、いまだにその二〇〇〇年前の人々の心に束縛され、テロリズムを繰り返しているのである。

文字があることで記録は残せるが、同時にそのことによって束縛も生まれる。経典のない神道は、時代の要請によって自由にその教えの内容を変化できる。言霊を重視した人々は、文字の記録による束縛をきらったのである。

戦争によってお互いの富を奪い合うことのない稲作漁撈社会では、城壁も、金属器の武器も必要ではなかった。富のシンボルとしての王宮のかわりに、重要な施設は稲作の豊穣の儀礼をとりおこなう神殿だった。そして人々は地球の重力からの離脱ではなく、地球の重力に埋没する豊穣の祈りをささげた。

畑作牧畜型の都市文明と稲作漁撈型の農村文明は、ハードウェアの視点から見れば、畑作牧畜型の都市文明は、稲作漁撈型の農村文明をはるかに凌駕している。しかしソフトウエアとしての「文明の精神」は、稲作漁撈型の都市の方がはるかに時代の要請にマッチしている。

## 稲作漁撈民と畑作牧畜民の文明は別のもの？

畑作牧畜型の都市文明は、①消費の喜び、②交易・物流の繋がり《人を繋ぐものは物と金》、③搾取と破壊・暴力の精神、④個人主義の精神《公共心の欠如》、⑤欲望の刺激、⑥人間中心の精神、⑦利潤とお金中心の心などがあげられる（図3－7）。

これに対し、稲作漁撈型の農村文明では、①生命《いのち》あるものを生産する喜び、②生命《いのち》と水の繋がり《人を繋ぐものは水と生命《いのち》》、③共生と循環の精神、④相互扶助システム《結・公共心》、⑤欲望のコントロール《共同体による束縛》、⑥自然との共存・共生の精神、⑦生命《いのち》中心の心などがあげられる（図3－7）。

畑作牧畜型の都市文明を純粋な意味での都市文明と呼んでいいだろう。しかし、現代の私たちには、稲作漁撈型の農村文明の精神の方がよほど魅力的である。それは地球環境を保全しながら、生きとし生けるものとともに持続的に生きる心穏やかな文明である。

伊東流や染谷流に言えば文明は都市市民のものであり、農民や漁民が文明を持つはずはない。染谷臣道氏（染谷、二〇一〇[5]）は「人間が文明を持ったとき精霊が見えなくなった。神の声が聞こ得なくなった」とも言う。しかし、精霊が見え神の声が聞こえる文明があるのではないか。それが農村文明である。

稲作漁撈民も立派な農村文明を持っているのである（安田、二〇〇九[49]）。精霊が見え、神の声が聞こえるインドネシアのバリ島の人々も、立派な農村文明を持っているのである（安田、二〇〇六[60]）。

文明を都市市民に限定されたものだということに固執するのであれば、福澤諭吉氏をはじめ、私たち日本人の言う文明とは、英語のCivilisationではなく、別のものだと表現をしなければならなくなる。

そうしなければ、欧米の「物質エネルギー文明」に代わる「生命文明の時代」（安田、二〇〇八[61]）（図3－3右下）は切り開き得ないのである。なぜなら農山漁村の文明の精神に立脚した新たな日本人独自の文明概念を構築することによってしか、地球環境を破壊する人間の欲望をとどめることはできないからである。新たな文明の時代は、文明が畑作牧畜型の都市から離脱することなくしては切り開き得ないのである。

この「物質エネルギー文明」の方向を転換し、新たなる「生命文明の時代」（図3－3右下）を構築していくためには、精霊が見え、神の声が聞こえる農山漁村に文明が存在することを、比較文明論者が発見することが必要なのである。そしてその農村文明の文明原理を学び、それを都市文明の要素に取り入れていくことが必要とされているのである。

## 八　二一世紀の未来を担う子どもたちに期待

### 新たな文明原理に立脚した「生命文明の時代」を構築する

文明をハードウエア、文化をソフトウエアの側面で捉え、これを区別するこれまでの文明論に、私は賛成できないと述べた。世界が「物質エネルギー文明」の文明原理によって繁栄を謳歌している間は、それでもよかった。それこそが比較文明論の王道だと信じてもしかたがなかった。

しかし、文明にはハードウエアとしての制度・組織・装置系だけではなく、ソフトウエアとしての「文明の精神」があり、その内核として「文明の精神」をより重視する研究を今後推し進めなければ、新たな文明原理に立脚した「生命文明の時代」を構築していくことなぞできないのではあるまいか。

## 子どもたちが描く未来

二〇一〇（平成二二）年一〇月に名古屋市で生物多様性締約国会議（COP 10）が開催された。山折哲雄先生のご紹介で松原武久市長（当時）の肝いりで、名古屋市は「生物多

図 3-8　2010 年代の名古屋の子どもたちが描いた理想の近未来

様性なごや戦略会議」(名古屋市環境局編、二〇一〇(62))を開催し、私は座長を務めることになった。

そこで私は名古屋市の子どもたちに、近未来の理想とする名古屋市の絵を描いていただいた。そうして出来上がったのが図3‐8である。おどろくなかれ、子どもたちの描く未来の名古屋市は、トンビやタカが空を舞い、フクロウがすむ森にはゴンギツネが暮らし、トンボやチョウが舞い、水辺にはカエルや魚が生息し、家の自家菜園ではニンジンなどの野菜が採れる緑あふれる田園都市だった。

それに対し、一九八〇(昭和五五)年代の若者が描いた未来都市(ニュートン編集部、一九八五(63))には、超高音速ジェットが空を飛び、モノレールが走り、人工空間の中には、森や生き物のひとかけらも描かれていなかったのである(図3‐9)。

図 3-9　1980 年代の若者が描いた理想の未来

## 理想の未来は変わった

わずか三〇年の間に人々の描く理想の未来のあり方は変わったのである。「人間が心に描くことはかならず実現する」とは稲盛和夫先生（稲盛、二〇一〇(64)）から教えられた格言である。事実、一九八〇（昭和五五）年代に描いた理想の未来（図3-9）は、今、東京の大都市で実現している。ならば三〇年後の未来には、田園都市が全国各地にできあがり、名古屋市はもとより東京都も大阪府も田園都市の様相を取りはじめるということである。

時代は農村に囲まれた田園都市、生きとし生けるものとともに暮らすことに最高の価値をおいた「生命文明の時代」へと、大きく舵をきりはじめているのである。「農村文明の時代」、「生命文明の時代」がやってくるのはまもなくであろう。

ならば文明の概念もそれにあわせたよそおいを取るのが当然であろう。文明は都市市民の独占物ではない。そして表面的な物質的豊かさのみでなく、内なる「文明の精神」が今後はますます重要になるであろう。まさに福澤諭吉氏（福澤、一九九五(10)）が述べたように「その国の文明のあり様は、その文明を支える国民一般の智徳、すなわち「文明の精神」を見ることによって知ることができる時代」へと大きく変わろうとしている。

縄文時代以来の日本人が構築してきた文明原理は、世界のどの国の文明原理よりも精神的高みにある文明原理である。しかし明治以降、私たちは畑作牧畜民がつくった欧米の「物質エネルギー文明」に幻惑されて、その精神の高みを見失ってしまった。しかし、すくなくとも高度経済成長期以前に生まれた日本人の心の深奥には、まだその精神の高みの片鱗が残されている。その精神の高みに立脚した新たな文明原理を創造し、それに立脚した制度・組織・装置系を装備した「生命文明の時代」を構築していくことが必要なのである。

## 未来に向かって

本章はトインビー生誕一二〇周年を記念して刊行された、比較文明研究第一五号に掲載された諸論文に触発されて書き上げた拙文である。不十分な点が多々あることを恐れるが、新たな文明論への展開を語った。

これが契機となってさらに比較文明研究が盛んになることを期待したい。文明の誕生を農耕革命以降と見なすのか、それとも都市革命以降と見なすのか。私は様々な意見があってよいと思う。その文明論の多様性こそが、日本文明のダイナミズムと柔軟性の証にほかならないからである。

時代は確実に「文明の精神」と「文明の風土」の研究に大きく舵をきりはじめた。文明の価値は時代の精神が生み出すものである。人々はグローバルよりもローカル、物質よりも精神に、その文明の価値を探求しはじめた。

### 引用文献および注

（1）安田喜憲編：『文明の原理を問う』麗澤大学出版会　二〇一一年
（2）比較文明研究編集委員会編：『比較文明研究』第一五号　麗澤大学比較文明文化研究センター　二〇一〇年
（3）吉沢五郎：「アーノルド・トインビーの肖像―歴史学から比較文明学への道」『比較文明研究』第一五号　一―二〇頁　二〇一〇年
（4）川窪啓資：「トインビーの高等宗教と廣池千九郎の聖人研究」『比較文明研究』第一五号　二一～四六頁

二〇一〇年
（5）染谷臣道：「自立する文明にどう対処するか？　ポスト文明にむけて」『比較文明研究』第一五号　四七～七九頁　二〇一〇年
（6）安田喜憲：「梅棹忠夫先生を偲ぶ」『比較文明研究』第一六号　一～七頁　二〇一一年
（7）伊東俊太郎：『伊東俊太郎著作集　全一二巻』麗澤大学出版会　二〇〇八～二〇一〇年
（8）安田喜憲：『世界史のなかの縄文文化』雄山閣　一九八七年
（9）伊東俊太郎：『比較文明』東京大学出版会　一九八五年　のちに『伊東俊太郎著作集　第7巻』麗澤大学出版会　二〇〇八年
（10）福澤諭吉：『文明論之概略』一八七五年　のちに岩波文庫　一九九五年
（11）西部邁：『福澤諭吉　その武士道と愛国心』文藝春秋　一九九九年
（12）梅棹忠夫：『文明学の構築のために』中央公論社　一九八四年
（13）伊東俊太郎：「比較文明学とは何か」伊東俊太郎編『比較文明学を学ぶ人のために』世界思想社　一九九七年　のちに『伊東俊太郎著作集第7巻』麗澤大学出版会　二〇〇八年
（14）梅原猛：『美と宗教の発見』筑摩書房　一九六七年
（15）小林道憲：「情報宇宙論覚書」『比較文明研究』第一五号　九五～一〇七頁　二〇一〇年
（16）川勝平太：『富国有徳論』紀伊国屋書店　一九九五年
（17）川勝平太・安田喜憲：『敵を作る文明・和をなす文明』ＰＨＰ　二〇〇三年
（18）川勝平太：『日本の理想ふじのくに』春秋社　二〇一〇年
（19）川勝平太：『文明の海洋史観』中公叢書　一九九七年、後に中公文庫　二〇一六年
（20）川窪啓資：『トインビーから比較文明へ』近代文芸社　二〇〇〇年
（21）小林道憲・安田喜憲：『文明のこころを問う』麗澤大学出版会　二〇〇三年、安田喜憲・松本健一・欠端実・服部英二：『対論　文明の風土を問う』麗澤大学出版会　二〇〇六年、安田喜憲・大島直行・町田宗鳳・大橋力・中谷巌：『文明の原理を問う』麗澤大学出版会　二〇一一年
（22）梅棹忠夫：「文明の生態史観序説」中央公論　二月号　一九五七年
（23）梅棹忠夫：『文明の生態史観』中公叢書　一九六七年
（24）山本新：『文明の構造と変動』創文社　一九六一年
（25）梅原猛：「トインビーと深瀬先生」『人類の知的遺産74・トインビー　月報』講談社一九七四年　後に『梅原

猛著作集　第一九巻　美と倫理の矛盾』集英社　一九八三年
(26) 一九六八年の富山県の講演をもとに梅原 猛：『日本文化論』講談社　一九七六年として刊行　後に『梅原猛著作集第三巻　美と宗教の発見』集英社　一九八二年
(27) 二〇一〇年一一月一〇日、京都賞受賞式の会場にて梅原 猛談
(28) 池田大作とその時代編纂委員会：「人間革命の奔流　8」『潮』一一月号　二〇一〇年
(29) 池田大作・トインビー：『二一世紀の対話』文芸春秋社　一九七五年
(30) 山本 新：『トインビーと文明論の争点』勁草書房　一九七九年、吉沢五郎：『トインビー』清水書院　一九八二年、吉沢五郎：『トインビーとの対話』第三文明社　二〇一一年、秀村欣二：『トインビー研究』『秀村欣二選集　3』キリスト教図書出版社　二〇〇二年
(31) 所 功：「日本文化の源流を求めて」『弘道』第一〇五七号　二〇〇八年
(32) 村上和雄・安田喜憲：「過去を見て、未来を知る。そして今をどう生きるのか」『致知』六月号　二〇一〇年
(33) 和辻哲郎：『風土—人間学的考察』岩波書店　一九三五年
(34) 安田喜憲・高橋 学編『自然と人間の関係の地理学』古今書院　二〇一七年
(35) 村上和雄：『こころの遺伝子』実業之日本社　二〇〇九年
(36) 大塚邦明：『一〇〇歳を可能にする時間医学』NTT出版　二〇一〇年
(37) 外村直彦：『八大文明』朝日出版社　二〇〇八年
(38) 安田喜憲：『環境文明論：新たな世界史像』論創社　二〇一六年
(39) 鈴木秀夫：『森林の思考・砂漠の思考』NHKブックス　一九七八年
(40) 服部英二・安田喜憲：「文化の多様性と生物の多様性を破壊する市場原理の超克」安田喜憲ほか『対論　文明の風土を問う』麗澤大学出版会　二〇〇六年
(41) 金子晋右：『文明の衝突と地球環境問題』論創社　二〇〇八年
(42) 宇沢弘文・内橋克人：『始まっている未来』岩波書店　二〇〇九年
(43) 中谷 巌：『資本主義はなぜ自壊したのか』集英社　二〇〇八年
(44) 安田喜憲：『山は市場原理主義と闘っている』東洋経済新報社　二〇〇九年
(45) 伊東俊太郎：『比較文明と日本』中公叢書　一九九〇年、のちに『伊東俊太郎著作集第8巻』麗澤大学出版会　二〇〇八年

(46) 安田喜憲：『環境考古学事始』ＮＨＫブックス　一九八〇年　後に洋泉社ＭＣ選書　二〇〇七年刊行、　安田喜憲：『日本文化の風土』朝倉書店　一九九二年
(47) 安田喜憲：「新たな文明原理は危機の時代に生まれた」稲盛和夫編『地球文明の危機　環境編』東洋経済新報社　二〇一〇年
(48) ジャック・アタリ（林昌宏訳）：『21世紀の歴史―未来の人類から見た世界』作品社　二〇〇八年
(49) 安田喜憲：『稲作漁撈文明』雄山閣　二〇〇九年
(50) 松井孝典：「人間圏とは何か？」『岩波講座地球惑星科学14』一～一二頁　一九九八年、松井孝典：「限界に近づいている地球システムの中の人間圏」稲盛和夫編『地球文明の危機　環境編』東洋経済新報社　二〇一〇年
(51) 松井孝典・安田喜憲：『地球文明の寿命』ＰＨＰ　二〇〇一年
(52) 佐々木高明：『縄文文化と日本人』小学館　一九八六年
(53) 安田喜憲：『森の日本文明史』古今書院　二〇一七年
(54) 安田喜憲：『日本よ、森の環境国家たれ』中公叢書　二〇〇二年
(55) 安田喜憲：『縄文文明の環境』吉川弘文館　一九九七年
(56) 安田喜憲・大島直行：「縄文文明の原理が語る確かな未来」安田喜憲編『文明の原理を問う』麗澤大学出版会　二〇一一年
(57) 安田喜憲：「稲作漁撈文明が地球と人類を救う」「農山村交流全国フォーラムin木島平」長野県木島平村　二〇〇九年一〇月一七日の講演をもとに木島平村では農村文明塾が二〇一〇年より開塾された。そして二〇一六年四月東京で農村文明創生日本塾設立準備会が、八月東京で農村文明創生日本塾設立総会が開催された。
(58) 服部英二『文明は虹の大河』麗澤大学出版会　二〇〇九年
(59) 岩澤知子「書評　服部英二書『文明は虹の大河』麗澤大学出版会　二〇〇九年」『比較文明研究』第一五号　一一五～一二六頁　二〇一〇年
(60) 安田喜憲：『一神教の闇』ちくま新書　二〇〇六年
(61) 安田喜憲：『生命文明の世紀へ』第三文明社　二〇〇八年
(62) 名古屋市環境局編：『生物多様性なごや2050戦略』名古屋市環境局　二〇一〇年
(63) ニュートン編集部編：「EXPO'85」『ニュートン』三月号　教育社　一九八五年
(64) 稲盛和夫編：『地球文明の危機　倫理編』東洋経済新報社　二〇一〇年

# 第四章　里山の比較文明論

照葉樹林文化の故郷，中国雲南省の風景

雲南省内陸部，大理市のエルハイ湖に向かう途中での農村風景．雲南省では森は破壊され照葉樹林は認められなかった．他方，同じ照葉樹林文化の日本には，里山が残っている．その要因とは？（撮影　安田喜憲）

# 一　里山をつくりだした稲作漁撈文明

## なぜ日本人は里山をつくりだせたのか

日本人は世界にさきがけて森の農業を確立した。里山の資源を利用する水田稲作農業がそれである。なぜ日本人は世界の中でも特異な里山の資源を利用する水田稲作農業を誕生させたのであろうか。世界の農業が森を破壊し尽くしたのとは異なり、日本の水田稲作農業は森との共存の道を選択した。それは、人類文明史における一つの謎である。一般には日本列島が温暖で降水量が多く、樹木の生育に適しているから、日本人は森の資源に頼る水田稲作農業を確立したと言われる。しかし、日本よりも温暖で湿潤な地域において、里山の森の資源を循環的に利用する農耕社会が確立しているかと言うと、かならずしもそうではない。むしろ激しい森の破壊が引き起こされている事例の方が多い。日本人が森の農業を発展させたのは、気候が温暖・湿潤であったという単純な理由のみでは説明できない。その背景には縄文時代以来の森の文化の伝統と稲作を伝えた人々の生活様式（ライフスタイル）が、大きな役割を果たしていたのではあるまいか。

この第四章では何故日本人は世界にさきがけて里山の森の資源を循環的に利用する農耕社会を確立することに成功したのかを、水田稲作農業が伝播した時代にまでさかのぼって考察する。

水田稲作農業が伝播した時代は気候変動期と民族の大移動期に相当する激動の時代だった。その激動の時代に日本人がいかなる生活様式（ライフスタイル）やビジョンをどのように選択したかを考えることは、二一世紀に日本人が選択すべき生活様式（ライフスタイル）やビジョンとはどのようなものかを考察する上でも大きく役立つはずである。

　里山と水田稲作農業の起源を考えることは、日本の文化・文明の本質を考えることであり、日本民族の世界における特殊性や二一世紀の未来の日本民族が果たすべき役割についても思いをめぐらすことにつながるのである。

## 水田稲作農業の起源と伝播

　これまで水田稲作農業は中国雲南省で起源したと見なされてきた。しかし、稲作農業の起源地は雲南省ではなく、長江中・下流域であることが、明らかとなってきた。

　最終氷期最寒冷期における東アジアの古地理と初期稲作農業遺跡の分布（Yasuda, 2002[1]）（安田、二〇〇九[2]）を見れば、東アジアの北部はレスと乾燥した草原地帯であり、長江以南の南部から海面の低下によって陸化した東シナ海は森林地帯となっていたことがわかる。レスや乾燥草原の発達する東アジア北部には山頂洞人に代表される「草原の民」が、南部の森の中にはワジャク人や港川人に代表される「森の民」が生活していた。

　農業革命が引き起こされるためには、まず人類は定住革命をなしとげる必要があった。定住革命の指標は土器の出現である。土器は一万六五〇〇年前には、東アジアの「森の民」によってつくられていた（安田、二〇〇九[2]）。

　定住革命をなしとげた東アジアの「森の民」は、一万四〇〇〇年前には稲作農業を開始していた可能性が高い。この稲作農業は狩猟・漁撈と密接な関わりの中で誕生・発展した。西アジアの麦作農業がヒツジやヤギなどの家畜を飼うことと密接な関わりの中で発展したのに対し、東アジアの稲作農業は狩猟・漁撈と密接にむすびついていた（Yasuda, 2002[1]）。

図４‐１は厳文明氏（Yan, 1998[3]）に基づき安田が追加修正した、稲作農業の起源と伝播の図である。稲作農業は長江中・下流域で一万年以上前にはじまり、しだいに周辺に拡大し、紀元前一〇〇〇年頃には西日本に広まったと見なされる。その紀元前一〇〇〇年は気候変動期だった。気候は寒冷化し、その寒冷化によって、東アジアでは民族の大移動が引き起こされたのである。

## 里山を生みだした稲作漁撈民

日本列島に水田稲作農業を本格的にもたらしたのは、長江下流域に生活していた越人だった。かつて長江流域には羽根飾りの帽子をかぶり、水上交易に長じた越人が生活していた。すでに五〇〇〇年前の浙江省良渚遺跡から出土した玉琮と呼ばれる玉器には、羽根飾りをつけた羽人が巨大な目玉を持った怪獣を手で支配している造形が彫像されていた（安田、

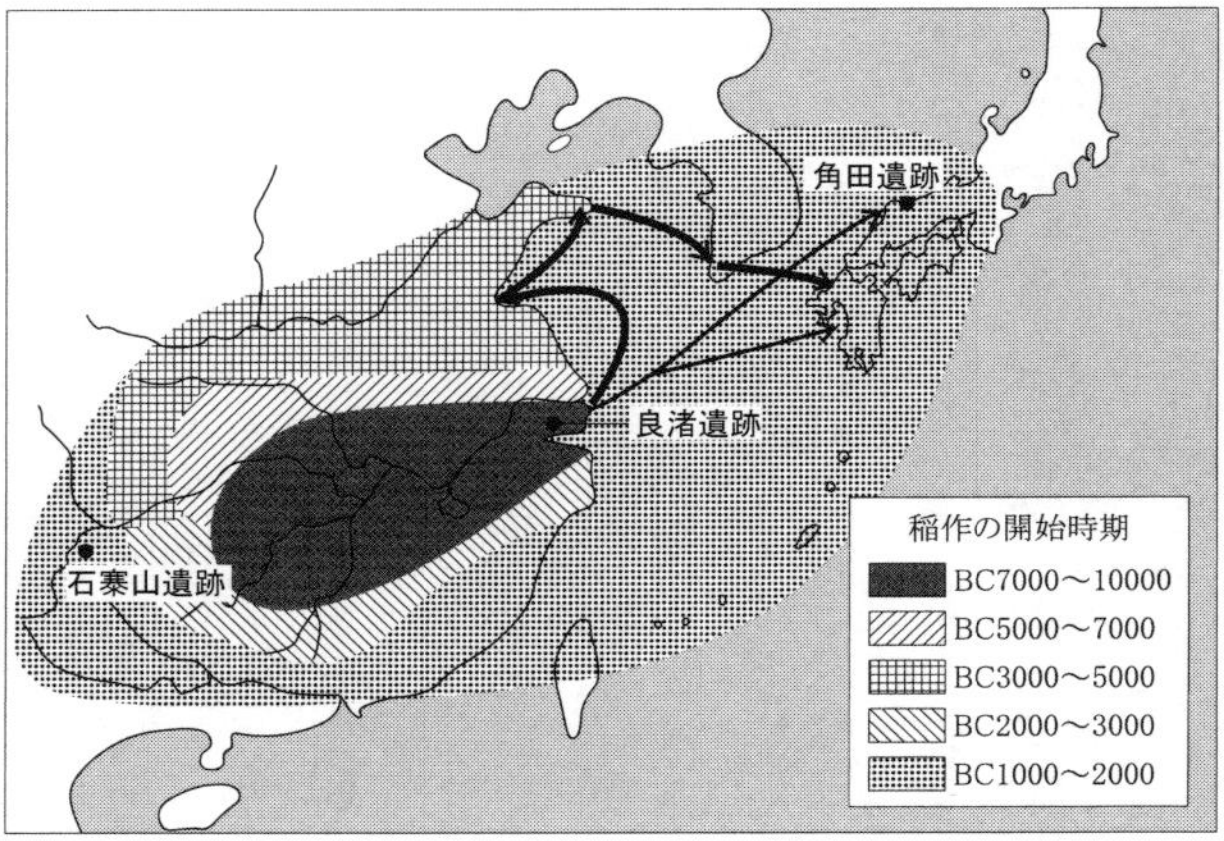


**図 4-1　稲作の伝播**

Yan（1998），安田改変.

二〇〇九[2]。紀元前三世紀頃に発展した雲南省石寨山遺跡や前漢時代の遺跡から出土した青銅製の貯貝器や銅鼓には、羽根飾りをつけた羽人が船を漕ぐ姿が彫金されている（図4-2と本著本扉裏の写真参照）（雲南省博物館、一九九一、張、一九九八[4]）、それと同じ羽人の像は、弥生時代後期の鳥取県米子市淀江町角田《すみた》遺跡の土器にも描かれていた（図4-3）（千田、一九九八[5]）。

長江文明が発展期に入る頃から、日本列島が水田稲作の農耕社会に本格的に突入する頃まで、長江上流域の雲南省から下流域の浙江省そして東シナ海を横断して日本列島にいたるまで、水上交易にたけ、

**図 4-2　中国雲南省石寨山遺跡から出土した貯貝器に彫金された「羽飾りをつけた羽人が船を漕ぐ姿」**

張増祺（1998）:『晋寧石寨山』雲南美術出版社. 雲南省李家山遺跡から出土した青銅器にも同じような造形が彫金されている（本著の本扉裏参照：雲南省博物館の壁画）.

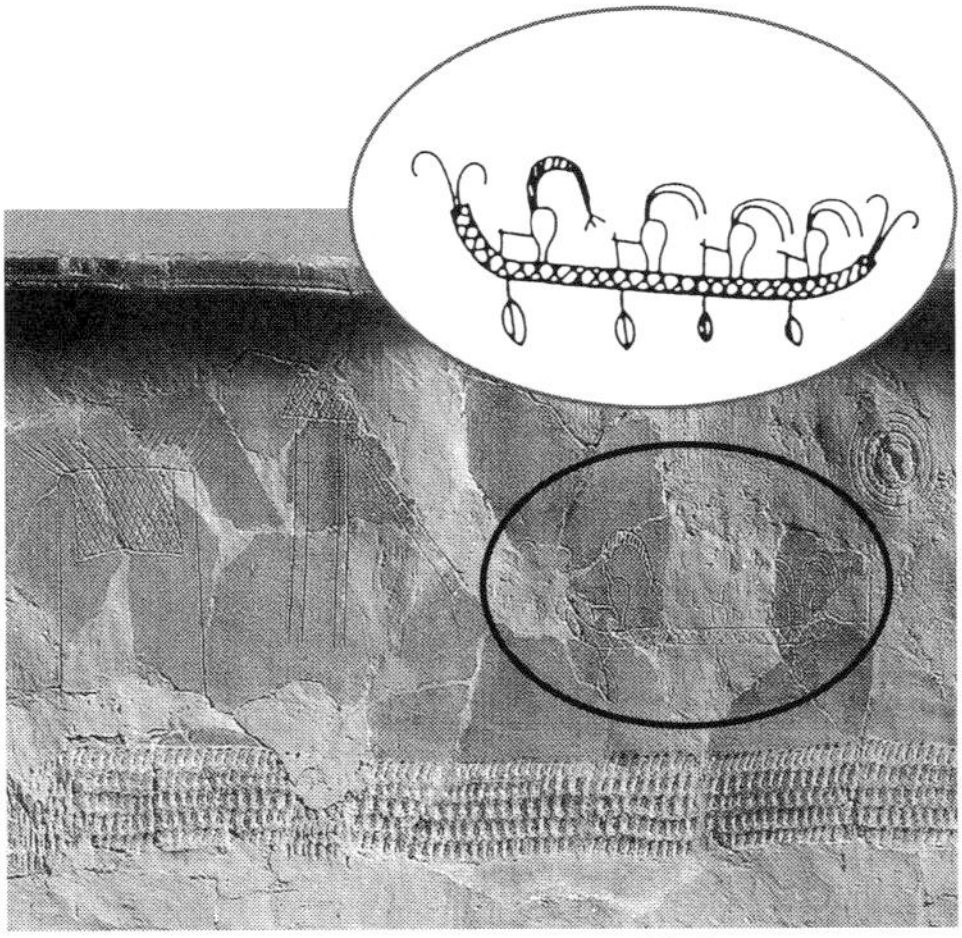

**図 4-3　鳥取県米子市淀江町角田《すみた》遺跡から出土した弥生時代の土器に描かれた「羽飾りをつけて船を漕ぐ姿」**

右上の絵は，土器の楕円部分をトレースしたもの（千田，1998 による）.「羽飾りをつけた羽人が船を漕ぐ姿」は，左側の出雲大社と推定される建物に向かっている.

羽飾りをつけた羽人が広い交易のネットワークを持って活躍していたのである。こうした人々を越人と呼ぶ。雲南省の越人は滇越、広西省の越人は欧越、広東省の越人は南越、福建省の越人は閩越そして浙江省の越人は呉越と呼ばれた。

日本列島にまでやってきたのはこの浙江省の呉越や福建省の閩越であろう。彼らは稲作漁撈民であった。旧石器時代以来の東アジアの「森の民」の子孫こそ、越人であったのである。

しかし、四二〇〇年前頃から顕著となる気候の寒冷化によって、北方から畑作牧畜民が怒涛のごとく南下してきた。彼らは馬に乗り戦車に乗り金属器の武器を持っていた。

この畑作牧畜民の南下によって、もともと長江流域に生活していた稲作漁撈民は、長江の上流域の雲南省より南の福建省や広東省、さらに東南アジアへと移動をよぎなくされた。そして、東シナ海を越えてボートピープルとなって日本列島へと移動してきた人々もいる。この畑作牧畜民に追われた人々は、かつて長江文明の担い手であった稲作漁撈民だった。その越人こそが、日本列島に水田稲作と漁撈をセットにした生活様式（ライフスタイル）をもたらした人々なのである。

日本列島に稲作が伝播したとき、中国の畑作牧畜民の居住地では、ヒツジやヤギなどの家畜をともなう混合農業が行われていた。しかし、越人は水田稲作農業を行い、タンパク源を魚介類から得ていた。

しかも水田稲作農業を受け入れた縄文人は、家畜を飼うことには不慣れであった。彼らは一万年以上にわたって森の資源と海の資源を利用する生活を行ってきた。越人がもたらした生活様式（ライフスタイル）は、縄文人には受け入れやすいものであった。いや縄文人にとって受け入れやすい生活様式（ライフスタイル）であったがゆえに、水田稲作農業と漁撈をセットにした稲作漁撈社会が、日本列島では普及確立したと言える。

日本列島では当初は佐賀県吉野ヶ里遺跡で見られるように、ブタは飼われていた。しかも、初期の段階で吉野ヶ里遺跡は、在地の縄文人と対置するコロニーだった（安田、二〇一七[6]）。だから防御柵で囲み、壕や杭で敵としての在地の縄文人から防御の体制を組まねばならなかった。日本人は吉野ヶ里遺跡こそが自分たちのルーツだと言って大はしゃぎしたが、実際は初期の段階では新しい侵略者の砦であり、水田稲作農業が進展していく中で、吉野ヶ里遺跡の人々も日本人に同化していったのである。

吉野ヶ里遺跡が在地の縄文人と融和し、日本の伝統社会の中にとりこまれていくとき、家畜はいつしか姿を消し、水田稲作と漁撈がセットになった農耕社会が確立していくのである。さらに飛鳥時代以降の仏教の普及の中で、殺生がいましめられると、ますます家畜を飼うことは遠ざけられていった。

しかし、農業を行うには地力を維持しなければならない。中世ヨーロッパの三圃式農業の休閑地に見られるように、土地を休め家畜の糞で地力を肥やして利用することが必要だった。そこでは、森を破壊する家畜の糞の力によって、地力の維持がはかられた。ヨーロッパではブタを林内に放し飼いにして、ドングリを食べさせた。だが家畜は、若芽や木の実を食べ尽くし、森の再生を不可能にした。

水田は地力の消耗が少なく連作が可能とはいえ、地力の維持のためには、なんらかの肥料が必要であった。そのとき、日本人は森林の下草や落ち葉さらには小枝を刈敷として水田に入れることをはじめるのである。さらに海の資源のイワシなどの干し糟や海藻を肥料にした。日本では森と海の資源が、ヨーロッパの家畜の代わりをしたのである。

このため水田稲作農業を維持するためには、水源林としての森林のみでなく、肥料や燃料さらには建築材を入手するための森林の保全、採草地の保全、そして森里海の生命《いのち》の水の循環系の維持が必要不可欠であった。森の栄養分が海に流れプランクトンを育て魚介類を育成するのである。こうして、里山の森の資源を核とした循環型の生活様式（ライフスタイル）（図4-4左）（安田、一九九二[7]）を日本の農耕社会は確立したのである。

人間が生きるためには、タンパク質が必要である。ヨーロッパではそのタンパク質を家畜に、日本では魚介類にもとめたのである。

## 縄文の森の文化の伝統

このような森と海の資源を利用する農耕社会を確立することに成功した背景には、越人がもたらした水田稲作農業が漁

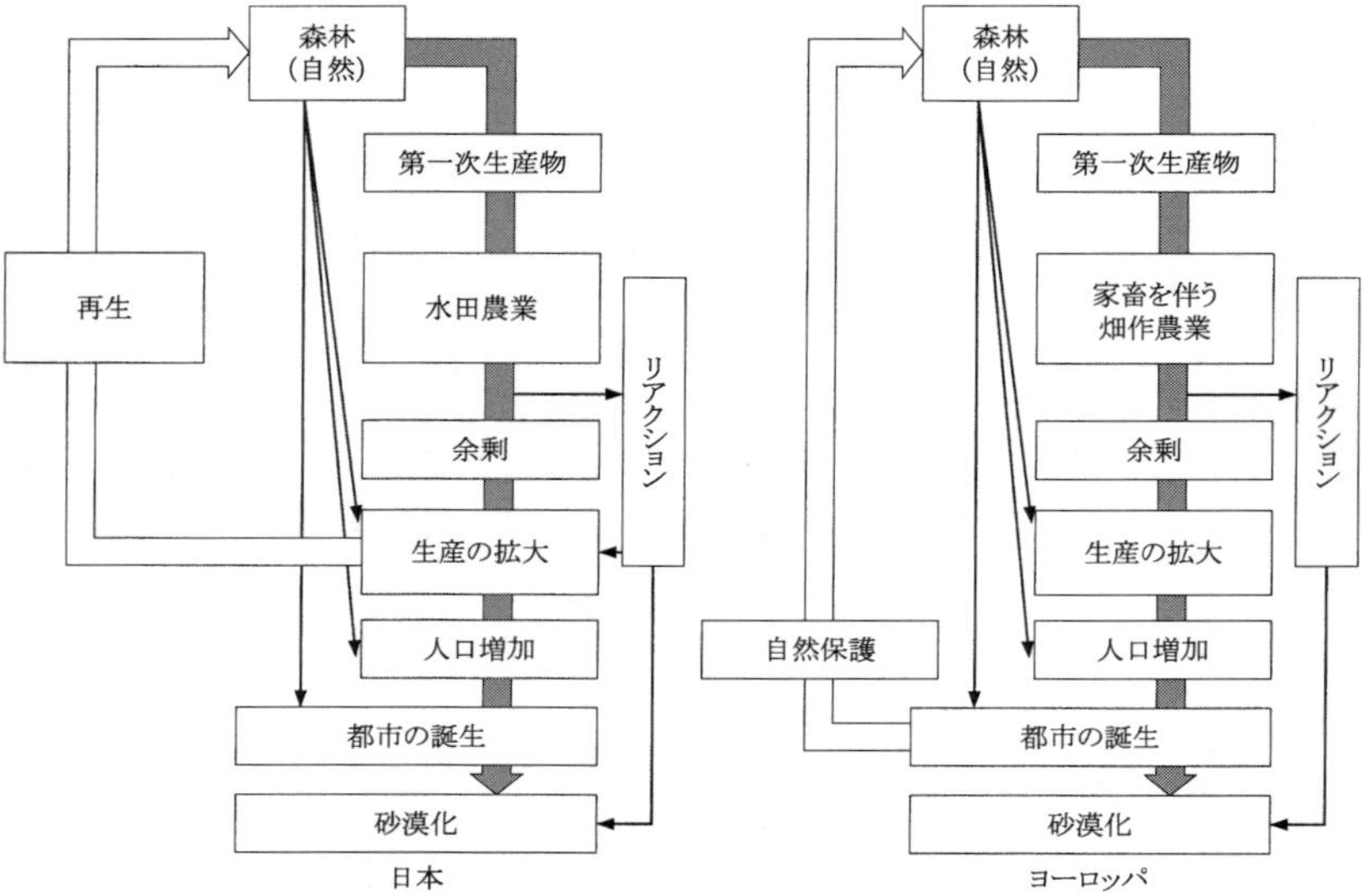


**図 4-4　里山の森を核とした自然＝人間循環系の地域システム（左）と自然＝人間搾取系の地域システム（右）**

伝統的な日本の農業のやり方は左，近代ヨーロッパは右．安田（1992）．

撈とセットになったものであったということが第一の要因としてあげられる。しかし、かつて越人が生活した中国、今日でも越人の子孫の住む雲南省において、森はことごとく破壊されている（図４‐５および第四章扉）。

このことは、日本列島に伝播した水田稲作農業が漁撈とセットになっていたと言うだけでなく、里山の農業を生み出す背景には、さらに別の要因がきわめて大きな役割を果したと見なさざるを得ない。

それは、第二の要因としてあげられる縄文時代以来の森の文化の伝統である。五〇〇〇年前の青森県三内丸山遺跡においては、すでにクリ林を半栽培にちかい段階にまで集中的に利用する技術が確立されていた（梅原・安田、一九九五 (8)）。こうした縄文時代に培われた森の資源を利用する技術や生活様式（ライフスタイル）が、水田稲作農業を受容するにさいしても大きく働いたと見なされる。

縄文時代には海の魚介類を利用する技術は発達していたが、家畜を飼育する技術は未発達であった。それ故、縄文時代以来、日本列島に生活していた人々は、家畜を飼うことに不慣れであった。しかも、縄文時代以来のタンパク質を魚介類にもとめる生活様式（ライフスタイル）が、水田稲作農業伝播以降も継続したのである。

**図 4-5　中国雲南省長江上流の金沙江（チンシャー川）流域の山々の風景**

雲南省は照葉樹林文化の故郷であるが，森は破壊され，照葉樹の森は認められなかった．（撮影　安田喜憲）

日本に越人がもたらした稲作もまた、漁撈とセットになっていたのである。縄文時代以来の森の文化の伝統が、稲作農耕社会の開始にあたっても、大きな役割を果たしたのである。私はこれを「縄文の森の文化が弥生の稲作を取り込んだ」と表現している。

日本の植林の開始は平安時代にまでさかのぼる。それはおそらく世界でもっとも古い植林の事例であろう。こうした縄文時代以来の森の資源を利用する文化的伝統が、日本独自の里山の農業を生み出すもう一つの要因であったと見なされるのである。

## 流域を核とする再生と循環の世界観

里山の森の資源を利用する農耕社会を確立したことによって、日本人の世界観や自然観も、里山から大きな影響を受けた。

江戸がロンドンよりも人口の多い大都市であったにもかかわらず、夜になるとキツネやタヌキが徘徊するだけの自然の豊かさを維持できた背景には、里山の存在がきわめて大きな役割を果たしている。日本列島では明治維新とともにオオカミが絶滅したが、それまでは絶滅した動植物は歴史時代においてはほとんどいなかったと言ってよいであろう。日本列島の森林がもっとも荒廃していた江戸時代末期一八五〇（嘉永三）年代の日本列島の森林面積は、現代にくらべれば禿山《はげやま》が多くかつアカマツ林の占める面積も大きい（西川、一九九五(9)）。しかし、森林面積は国土の六〇％以上に達している。北西ヨーロッパの森林面積がこの時代にすでに国土の一〇〜三〇％にまで減少していたことを考えると、それは人類史における奇蹟であるとさえ言える。

　このように日本人の歴史を通してたえず身近なところに里山の森が存在したということは、日本人の自然観や世界観に、見えないところで大きな影響を与えている。

　日本人が抱き続ける自然への畏敬の念、再生と循環の世界観などは、身近なところに森が存在することによって培われてきたものにほかならない。

　里山は、日本人が身近に接するところで、自然の生命《いのち》の営みを季節の変化におうじて展開し、人々に自然への畏敬の念や再生と循環の世界観を醸成した。それだけではなく、里山を核とする地域システムの構築は、流域単位の生活様式（ライフスタイル）をつくりだすことに貢献した。

　水源涵養林としての役割をも担う里山から発する水を軸として、上流・中流・下流の人々が運命共同体であるという世界観もまた、里山の森の資源を利用する農耕社会の中で培われてきたものにほかならない。

　二一世紀の地球環境の危機の時代に、先進国Ｇ７となった日本が選択すべきビジョンや生活様式（ライフスタイル）のヒントは、やはりこの里山の森の思想の中にあるのではあるまいか。縄文時代のクリ林、農耕社会の里山や流域を単位とした生活様式（ライフスタイル）の存在、そして現代にまで受け継がれている自然への畏敬の念や再生と循環の世界観に端的に示されるように、日本人は森の文化を守り、森とともに生きる道を選択してきた。

　地球環境危機の時代に日本人が選択しなければならないのは、森であろう。私（安田、一九九七、二〇〇二[10]）は「森の環境国家」の構築を提案している。その「森の環境国家」の最小単位は流域である。すなわち、水である。そして流域を単位として森を核にした循環型社会を構築していくことこそが、資源小国日本が生き延びる道にほかならないのである。

## 二　里山のエコロジー

### 吉良竜夫による里山のエコロジーの講演

一九七九（昭和五四）年の秋、広島大学で「里山のエコロジー」という講演（吉良、一九七九[11]）が行われた。演者は吉良竜夫氏であった。西日本、とくに近畿地方の里山を、スギや雑木林の里山と、アカマツの里山の二つに区別し、それと人間生活の関わりを述べられた。

私もほとんど同じことを考えていた。日本人はその特色ある風土、中でも森と水の風土を中核とした循環システムを、それぞれの地域に形成した。それが中国山地と瀬戸内海に典型的に表れていた。アカマツ林にはアカマツ林固有の生態系が、スギ林にはスギ林固有の生態系がある。日本人はこの固有の生態系を、たくみに自らの文明系の中に取り入れ、森の生態系を核にした地域システムを確立することに成功したのではないか。そのことを、はじめての著書『環境考古学事始』（安田、一九八〇[12]）で書いた。「里山の文化」という用語を使用したのもその本が最初であった。しかし、私のようなものが里山を指摘しても、なかなか一般に広まらなかった。それから五年後に四手井綱英氏（四手井、一九八五[13]）が正式に里山と命名されたが、それでもなかなか広まらなかった。それを広めた写真家の今森光彦氏や藻谷浩介氏（藻谷、二〇一三[14]）の功績は大なるものがあるだろう。

### 家畜中心の地域システムと森中心の地域システム

ヨーロッパの畑作牧畜社会では、森を破壊し、畑や牧草地に転化することに、生産性を向上させる大目標があった。そこでの森は、農耕社会の発展にともなって破壊される対象であっても、農耕社会を維持するために必要不可欠のものではなかった。

このためヨーロッパでは一七世紀の段階で完全な森林破壊の段階が現出し、イギリスなどでは、本土の九〇％の森林が消滅した。

これに対して、日本では水田稲作農業が伝播して以来、沖積平野のイチイガシ林やハンノキ林は完全に破壊され、水田や集落に変わった。人里周辺の台地や丘陵あるいは山麓の森も、いったんは破壊された。しかしその後、そこには二次林としてのアカマツ林や雑木林が再生してきた。日本の稲作漁撈社会は、この集落の近辺にある台地や丘陵のアカマツ林や雑木林を核とした特色ある地域システムを確立したのである。

こうした人里周辺の台地や丘陵あるいは山麓など、日本人の生活と密接な関わりを持ってきた森を、里山と呼んだのは、四手井綱英氏（四手井、一九八五[13]）であった。しかも、日本列島の温暖で湿潤な風土は、この里山の森の再生を容易にした。しかし、高名な四手井綱英氏をしても、里山の概念が一般に広く知れわたることはなかった。

これに対し、ヨーロッパの畑作牧畜社会では、地域システムの中核となったのは、家畜であった。日本の農耕社会が里山の森を核とした地域システムを構築したのに対し、ヨーロッパの農耕社会は家畜を核とした地域システムを構築した。

## 家畜の文明と森の文明

ヨーロッパと日本の農耕社会の比較は、米の文化と麦の文化（栗原、一九七六[15]）とか米食と肉食の文化（筑波、一九六九[16]）とか鈴木秀夫先生（鈴木、一九七八[17]）の森林の思考・砂漠の思考など様々な視点が提示された。こうした農耕社会における自然と人間の関係を軸とした地域システムを重視する観点から見ると、ヨーロッパは「家畜の文明」、日本は「森の文明」と言うことができるのではないか。

しかし、こうした一万年以上にわたる農耕社会の歴史と伝統が、一八世紀にはじまった近代工業技術文明の波によって破壊され、グローバル化の波の下に、世界が急速に画一化・均一化している。みんな肉が好きになり、ハンバーガーを食べるようになった。

ヨーロッパと日本とでは、農耕社会の段階で、自然と人間の関係を軸にした地域システムが根本的に相違していた。ところが近代工業技術文明の社会では、大量生産・大量消費のモノヅクリの工程も、それを支える市場原理主義も画一化したものとなり、世界が一色に染め上げられようとしている。

そうした中で、これまでの農耕社会の伝統の上に立って、日本独自の自然と人間の関係を軸とした地域システムを核とし、新たな未来社会を構築していこうではないかという動きが出てきた（吉澤、二〇一二[18]）。

とりわけ自然を一方的に搾取し、自然を支配し人間の王国をつくることを目指してきた近代工業技術文明が引き起こした地球環境問題が、人類の未来に暗雲をなげかけるようになって、この動きは加速化してきた。

これまでの稲作漁撈社会の歴史と伝統文化を見直し、新たな自然と共生可能な未来社会を構築すべきだという動きが出てきた。その動きの一つが里山の見直しであり、棚田の復活であり、農山漁村にのこる歴史と伝統文化の学習であり、農山漁村の人々の心の在り方に学び、都会の子どもたちが農山漁村で宿泊する都市と農山漁村の交流の活発化の動き※である。

※私は「オーライニッポン」の副会長として（会長養老孟司氏）一般財団法人「都市農村漁村交流活性化機構」とともに、都市と農山漁村との交流を活発化する活動にとりくんでいる。

## 日本が世界に誇るべき里山

日本が世界に誇るべき稲作漁撈社会における伝統の一つに里山がある。この森の生態系を核にした地域システムを確立した日本人の知恵を、未来社会の構築にも生かし、再生力ある自然＝人間循環型の文明（安田、一九八五(19)）を創造しなければならない。

日本の風土に適した自然＝人間循環型社会を構築するヒントが、里山の利用の中にあるのではないか。そのためにはまず過去における里山と日本人の関わりを現代に正しく位置づけ、未来の自然＝人間循環型社会の構築のために、役立てる必要がある。過去において日本人は、岡山県（安田、一九八五(19)）や濃尾平野（速水、一九九二(20)）で家畜の頭数を減らすことに成功した。私（安田、二〇〇九(2)）は、ひょっとしたら日本人なら里山を核にした地域システムの再構築ができるかもしれないという、淡い期待をよせている。

# 三　イギリスの森林破壊

## イギリスと日本の類似性

日本とイギリスが、文明の伝播・拡大の過程において、類似した地理的位置を占めてきたことは、これまでも指摘されているところである。

今、農耕伝播という人類史における一つのエポックに焦点をあてた場合にも、類似した地理的条件が見られる。すなわち中尾佐助氏（中尾、一九六六、一九六七、二〇〇六(21)）、佐々木高明氏（佐々木、一九七〇、一九七一(22)）らによって指摘されている如く、日本は稲作を中心とする照葉樹林文化の北東端に位置する。一方、イギリスもまた、麦作を中心とする地中海農耕文化の北限にあたる。

第一の類似点は、これまでに明らかになったイギリスと日本への農耕文化の伝播経路と、農耕遺跡の$^{14}$C年代測定値から明らかの如く、イギリスと日本はともに農耕文化の発生地から見た場合、辺境地方にあたる。

第二の類似点は、これらの両地域へ農耕文化が伝播するには必ず海路を経なければならないことである。そうして第三の類似点は、二つの島国の南部と北部において、植生に明瞭な違いがあることである。すなわち、今西錦司氏・吉良竜夫氏（今西・吉良、一九五三(23)）の示したユーラシア大陸の生態系分布図によれば、イギリスの南部は落葉広葉樹林生態系に、北部は常緑針葉樹林生態系によって占められている。同様に日本の場合は、南部は照葉樹林生態系に、北部は落葉広葉樹林生態系によって占められている。生態系列には、一つずれがあるものの、ともに北部にいくにつれ、農耕に不適な自然条件が増大してくるのである。

人類はその出現以来、自然に大きく支配されてきた。それと同時にまた、人類は自然の生態系をも大きく改変してきた。とりわけ植生は人為によって容易に改変されるため、その影響は大なるものがあった。中でも農耕の導入は、狩猟採集経済に基盤をおく社会に比して、植生に対する人類の影響力を飛躍的に増大させた。人類の農耕活動にともなう火の使用、開田作業、材木の伐採、家畜の放牧は、居住地周辺の植生を大きく改変した。

今、こうした農耕の伝播による植物景観の変化に注目するならば、各地域における農耕伝播の時期、ならびに農耕の発展段階の地域差が、人類の農耕活動による植生破壊の時期ならびに植生破壊の様式の違いとして、把握できるものと考えられる。したがって、各地域に農耕が導入される以前の原植生を復元し、それが農耕の伝播によって、いつ頃、いかに改変されたかを論ずるならば、農耕の伝播と拡大の過程、ならびにその生態史的意味を、より明白にすることができるはずである。

すでに述べたイギリスと日本の、農耕伝播に際しての類似した三つの地理的条件は、植物景観の変遷を通して、農耕の伝播・拡大の過程を比較歴史地理学的に論ずるのに好都合となる。

すなわち、第一の類似点の農耕文化の発生地から見た場合、ともに辺境地方にあたるという条件は、これまで人類によって大きな自然の生態系の破壊を受けていない開発のフロンティアとしての辺境地方にあっては、新しい農耕文化を持った開拓者の侵入による自然植生の破壊として、リアルにとらえることができる。

また第二の類似点の、農耕文化の伝播に際してともに海路を経なければならないという条件は、海路による伝播は、伝播地が限られ、伝播地からの農耕文化の拡大の跡が追跡しやすい。

また第三の類似点の列島の北部にいくにつれ、農耕には不利な自然条件が増大することは、農耕文化の伝播と自然条件との関わりあいを明確に取り上げることができる。とくに気候条件の変化は、植生の違いとして反映し、農耕伝播による植生と人類の関わりあいの変化を、歴史的に究明するのに都合がよい。

こうした農耕伝播にともなう人類の森林破壊に注目し、植物景観変遷の復元を通して、農耕伝播の時期、ならびに拡大の過程を、イギリスと日本の比較において考察したのははじめてである。

しかしながら、農耕伝播に際してのイギリスと日本の類似した地理的条件に対し、決定的に異なるものがある。それは、同じ農耕文化でありながら、日本は稲作中心の水田稲作漁撈であるのに対し、イギリスは麦作中心の畑作牧畜の農耕形式をとることである。

麦作中心の畑作農耕文化はヒツジやヤギそれに乳牛などの家畜と密接に関わった混合農業であるのに対し、水田稲作農業はタンパク質を魚介類から摂取する稲作漁撈である。

この地中海性気候の下に成立した麦作中心の畑作牧畜と、熱帯モンスーンを故郷とする水田稲作中心の稲作漁撈の生態学的相違については、中尾佐助氏（中尾、一九六六、一九六七、二〇〇六[21]）の論考に詳しい。

とりわけ、「地中海農耕文化は、耕作開始の初期から家畜が関係して、その技術的展開が常に家畜の利用と結合して進んだのに対し、水田稲作漁撈中心の社会では、こうした積極的な家畜との結合が見られないこと。また地中海農耕文化では、大面積を粗雑に利用する形態がとられ、麦類の中に多数の禾本科植物や広葉草本が混じり、それらが麦作特有の雑草群をつくりあげている。一方、水田稲作農業の場合は、「大河の下流域の沖積平野を中心とし、除草が入念におこなわれ、特有な雑草の存在を認め得ない」(中尾、一九六七、四三〇〜四三一頁(21))などの相違点は、農耕伝播によって引き起こされた植物景観の変遷を論ずる場合、見逃し得ない事実となる。このイギリスと日本における農耕形式の違いは、農耕伝播にともなう人類の植生破壊の様式に大きな違いをもたらしたものと考えられる。

イギリスと日本という類似した地理的条件を有する地域において、こうした農耕形式の違いが、農耕の伝播によって引き起こされた植物景観変遷の様式に、いかなる相違を生じさせたかを、比較歴史地理学的に究明することが重要である。

ところで、こうした農耕伝播にともなう人類の森森破壊の時期と様式を論ずる手段として、もっとも有効なのは花粉分析である。花粉分析はもともと、植生の変化から過去の気候変動を究明することに多く使われてきた。しかし、新石器時代以降の植生変化は、たんに気候変動のみによって引き起こされたものではないことが、しだいに明らかになってきた。この花粉分析の使用により、農耕伝播による植物景観変遷の時期と様式を、イギリスと日本の比較において論じる。

## 若い頃の仕事が未来を予測している

古代におけるイギリスの景観については、ガイウス・ユリウス・カエサルとアウルス・ヒルティウス(八巻のみ)の『ガリア戦記』(カエサル、一九四一(24))、コルネーリウス・タキトゥスの『ゲルマーニア』(タキトゥス、一九五三、一九七九(25))などから知ることができるように、現代よりもはるかに深く森林に覆われていた。

先史時代から現代に至る植物景観の変遷は、気候変動・土壌侵食などの自然的条件によるのみでなく、人類による植生に対する干渉（impact）が大きな役割を果たしている。H・C・ダービー（Darby, 1956[26]）は、古記録の整理により、こうしたヨーロッパにおける人類の森林破壊の歴史を明らかにした。

先史・歴史時代における植生を復元する手段に、花粉分析があった。この花粉分析が人類を取り巻く植物景観変遷の追求の中でクローズアップされてきたのは、V・R・グラードマン（Gradmann, 1901, 1906[27]）のステッペンハイデ説に対する反論の中からであった。このステッペンハイデ説をめぐる論争の契機については、水津一朗氏（水津、一九五〇[28]）、佐々木高明氏（佐々木、一九六五[29]）、千田稔氏（千田、一九七〇[30]）の論考に詳しい。

こうしたヨーロッパにおける趨勢の中で、イギリスにおいても、先史・歴史時代の人類と植生の関わりあいが注目されてきた。まず植生を人類の歴史のバックグラウンドとしてとらえた古典的研究として、B・W・H・ペアサルとW・P・ペニングトン（Pearsall and Pennington, 1947[31]）の研究がある。陸上における植生変化と、湖底泥のC／N比の分析により、人類による植生破壊をエコロジカルな観点から、すでに一九四〇（昭和一五）年代にたくみに論じている。この時期を代表するものとして、このほかにE・J・サリスバリーとF・W・ジェーン（Sallisbury and Jane, 1940[32]）の研究がある。

一九五〇（昭和二五）年代に入ると、これまでの研究の集大成とも言うべき、H・ゴッドウイン（Godwin, 1956[33]）の「イギリスの植生史」（The history of British flora）が刊行された。とくに彼は、第四紀における気候変動によって引き起こされた植生変化と、人類のインパクトの結果引き起こされた植生変化を区別することに注意を払っている。

$^{14}$C年代測定法の開発は、植生変化の時期を決定することを可能にし、これまでの研究に飛躍的な革新をもたらした。その研究成果の集大成として、D・ワーカーとR・G・ウエスト（Walker and West, 1970[34]）によって編集された「イギリスの植生史の研究」（Studies in the vegetationnal history of the British Isles）が刊行された。

私が学生時代に花粉分析に着手した一九七〇（昭和四五）年代頃のイギリスのこうした花粉分析結果は、まさに最先端の研究であった。私はむさぼるように、これらの論文や本を読んだことを昨日のように思い出す。とりわけ、J・ターナー（Turner, 1965[35]）は、人類の生産様式の発展段階に対応して、植生破壊の程度にも三段階があることを述べていた。

すなわち、その第一段階は一時的な植生破壊の段階で、イネ科、オオバコ属、ヨモギ属などの農耕と密接な関わりあいのある草本花粉の出現率が、木本花粉に対して（木本花粉を基数とする）二〇％前後出現する状態を示す。

第二段階は、広範な植生破壊の段階で、木本花粉に対するイネ科などの草本花粉の出現率が一〇〇％以上に達する段階を示す。

そうして、第三段階は現在の植物景観を形成するに至った完全なる植生破壊の段階である。この段階では、木本花粉に対するイネ科、ヨモギ属などの草本花粉が二〇〇％以上の出現率を示すと示されていた。

私はこのJ・ターナー（Turner, 1965[35]）の森林破壊の三段階説に強い興味を持った。

そこで当時刊行されているイギリスの各地の花粉分析の結果から、農耕伝播による森林破壊の実態を復元してみた（安田、一九七四[36]）。

それはもう五〇年近くも前のことである。そのときに比べて、もちろん近年では分析地点も増加し、森林破壊の年代も精緻になった。しかし農耕伝播による森林破壊は、イギリスの南部が早く、北部に行くにつれて遅れるという大きな傾向は変わっていない。データは増加し精緻になり、調査対象地域も拡大したが、農耕形式の相違が、森と人間の関わりあいの歴史の相違を生み出し、景観の相違を生み出したというこのときに得た私の考えは、ますます重要となりつつあるように思う。

家畜を飼うか飼わないかによって、自然と人間の関係は大きく相違したのではあるまいか。家畜を飼いタンパク質をミルクや肉に求める欧米文明が森を破壊し、自然の資源を一方的に収奪する「物質エネルギー文明」をつくりだし、タンパク質を魚介類に求めた日本人は、森里海の生命《いのち》の水の循環系を守り、生物多様性を守って、自然と共存・共生する稲作漁撈文明をつくりあげたのではあるまいか。

しかし、家畜を飼う畑作牧畜文明の力は光り輝き、われもわれもとその「物質エネルギー文明」を人々が目指す風潮の中で、タンパク質を魚介類に求め、森里海の生命《いのち》の水の循環系を守り、生物多様性を守って、自然と共存・共生することに最大の価値を置いた稲作漁撈文明の下に暮らす日本人は、自らの歴史と伝統文化に自信を持てなくなった。

人は「時代の精神」と無関係には生きられない。私はまさにそうした欧米文明がつくりだした「物質エネルギー文明」の光輝きの下に生きた世代である。

「青年老いやすく学なりがたし」とはよく言ったものである。若い頃の発想がいかに重要か、これでわかると思う。もちろん研究者として大化けする人もあるが、大学院時代の仕事を見ればその人の研究者としての将来は、おおよそ見当がつく。四〇歳代以降の人がこれまでとうって変わったようなまったく新しい研究をするのはまれである。

## イギリスの農耕伝播による森林破壊

新石器時代初期においては、人類は家畜を森林内に放牧し、若干の原始的農業を行っていた。彼らは定住することなく移動していた。

この時代においては、植生は一時的に破壊されたものの、人類の居住地の放棄にともなって、再び森林が回復した。こうした一時的な植生破壊は、南部のオールド・ブッケンハムメア湖（Old Buckenhammere Lake）では、紀元前三五〇〇年（補正値）頃から、シッペア・ヒル遺跡（Shippea Hill Site）でも紀元前四〇〇〇年（補正値）頃から、すでに起こっていた。

北部のブローク湿原（Bloak Moss）では紀元前後（二〇〇〇年前）頃（補正値）になってようやく植生破壊が、フランダース湿原（Flanders Moss）でもほぼ同じ頃になってようやく植生破壊の痕跡が、花粉ダイアグラムに現れてきた。この時代、イギリス南部の石灰岩地帯では、広範な植生破壊の段階がすでに出現していた。広範な植生破壊のあとイギリス北部諸地域では、農耕地の放棄と植生の回復が見られた。

このように、植生破壊の開始期は、花粉ダイアグラムから考察した場合には、イギリスの北部と南部地域とでは、約二〇〇〇年以上の差があった。南部の海岸地帯では、すでに遺跡周辺の植生がかなり破壊されていた時代に、北部地域においては、うっそうと森林が繁茂していたことが復元されたのである。

これは南部ほど時代の古い新石器時代遺跡があり、遺跡の数も多いのに対し、北部にいくに従い、時代が新しくなり、遺跡数も少なくなるという考古学的事実ともうまく対応した。

したがって、農耕伝播による人為的な植生破壊を復元した結果から見た場合にも、イギリスの新石器時代の文化は、南部の海岸地帯に伝わり、しだいに内陸部、北部へと伝播・拡大していったことが推察された。

青銅器時代においても、南部と北部の植生破壊の違いは明白であった。

## イギリスと日本の農耕の光は南方から

ユーラシア大陸の東端と西端にあり、農耕の発生地からはともに辺境地方にあたり、その栽培作物が伝播する過程において北へ向かうほど栽培馴化し、かつその伝播に際しては海路を経なければならず、島内の拡大においては北方ほど農耕に不適になるという共通の地理的・生態史的条件を持つ日本とイギリスにおいて、農耕伝播による植物景観変遷の時期と程度には、以下の如き類似点が認められた。

すなわち両島においては、ともに南部ほど農耕伝播によって引き起こされた人類の森林破壊の時期が早く、かつ程度においても大であった。イギリスでは南部のシッペア・ヒル遺跡と北部のブローク湿原とでは、農耕の伝播によって引き起こされた人為的植生破壊の出現時期に、約二〇〇〇年以上の隔たりが見られた。

日本では西南日本の福岡と東北日本の仙台湾周辺とでは、稲作伝播よって引き起こされた広範な植生破壊の出現時期には、約一〇〇〇年以上の隔たりが認められた。

また両島内の北部の、いわゆる辺境地方では、農耕活動をともなった人類による森林破壊と、農耕活動の中止による森林の再生が繰り返し認められ、農耕に不適な環境に人類がしだいに自らのエクメネー（人間が居住している地域）を拡大していく過程が、植物景観の変遷から読み取れた。

以上を図示したものが図４‐６である。

ヨーロッパの古典文明の花を咲かせた地中海文明に対して、ヘロドトスは『光は東方から』と言った。古代文明の発祥地から遠く離れたこのイギリスと日本においては、農耕文明の光はまさに『南方から』きたのであった。

## 森の台地に導入された畑作牧畜文明と沖積平野に導入された稲作漁撈文明

こうした農耕は、イギリスの南部においてはハンノキ属、コナラ属コナラ亜属、ニレ属を中心とする森林の中に、イギリスの北部においてはカバノキ属、コナラ属コナラ亜属、ハンノキ属を中心とする森林の中に導入された。イギリスの新石器時代においては、一時的な植生破壊の段階が一般的で、農耕地の拡大・放棄と森林の伐採・再生が繰り返し認められた。このことは、イギリスの農耕は、オープンな植生よりは、むしろうっそうとした森林の中に導入されたことを示すものである。

一方、日本列島にあっては稲作が伝播した当時、九州・瀬戸内・近畿・東海地方にかけてはコナラ属アカガシ亜属、シイ属を中心とする常緑広葉樹林（照葉樹林）が、中部山岳・東北地方においてはコナラ属コナラ亜属、ブナ属、ニレ属、ハンノキ属を中心とする落葉広葉樹林が広がっていた。

イギリスの農耕は家畜をともなう畑作中心の地中海農耕文化であり、日本の農耕はヒツジやヤギなどの乳利用と肉食の家畜を欠如する水田稲作を中心とする農耕文化であった。この農耕形式の違いが、居住地周辺の植生環境を決定する上で、大きな役割を果たした。

すなわちイギリスにおいては、森林のうっそうと茂る丘陵こそが、農耕を営むのにはもっとも適した場所であった。これに対し、水田稲作農業を中心とする日本にあっては、絶えず洪水氾濫があり、ために大森林が形成されず、ヨシなどが生育する沖積平野こそが、もっとも適した生産の場であった。

したがって、イギリスにおいては、生産に適した丘陵地を選ぼうとすれば必然的に大森林のまっただ中での生活を余儀なくされたのに対し、日本にあっては、居住の当初から、居住地周辺にはヨシなどが生育する比較的オープンな景観が展開していた。

このようにイギリスと日本の農耕形式の違いは、居住地周辺の植生環境を決定する上で大きな役割を果たしたことが考えられたが、この農耕形式の違いは、イギリスと日本における人類の森林破壊の様式にも、大きな違いをもたらしていた。

## 花粉分析結果に現れたイギリスと日本の相違

イギリスにおいては、農耕の伝播を示すイネ科花粉の出現は、必ずヨモギ属、オオバコ属、キク科、ギシギシ属、アカザ科などの雑草花粉やワラビ属、シダ胞子類の増加をともなっていた。

この雑草類には、農耕地に特有なヨモギ属、キク科、ギシギシ属などと、牧草地に特有なオオバコ属、ワラビ属などが分類同定され、これらの雑草花粉・胞子の出現率の変化から、穀物栽培に主体をおく農業か、それとも牧畜を中心におく農業かの区別ができ、農耕形式の変化を的確につかむことができた。

すなわちイギリスでは、民族移動にともなって、穀物栽培に主体をおく農業と牧畜に中心をおく農業が、先史・歴史時代に交互に繰り返し現われてきたことが、花粉分析によって明らかになった。また農耕の導入・発展にともなうイネ科の花粉の増加は明瞭で、このイネ科花粉の木本花粉に対する出現比率から、人類による植生破壊の段階を明白に論ずることができた。

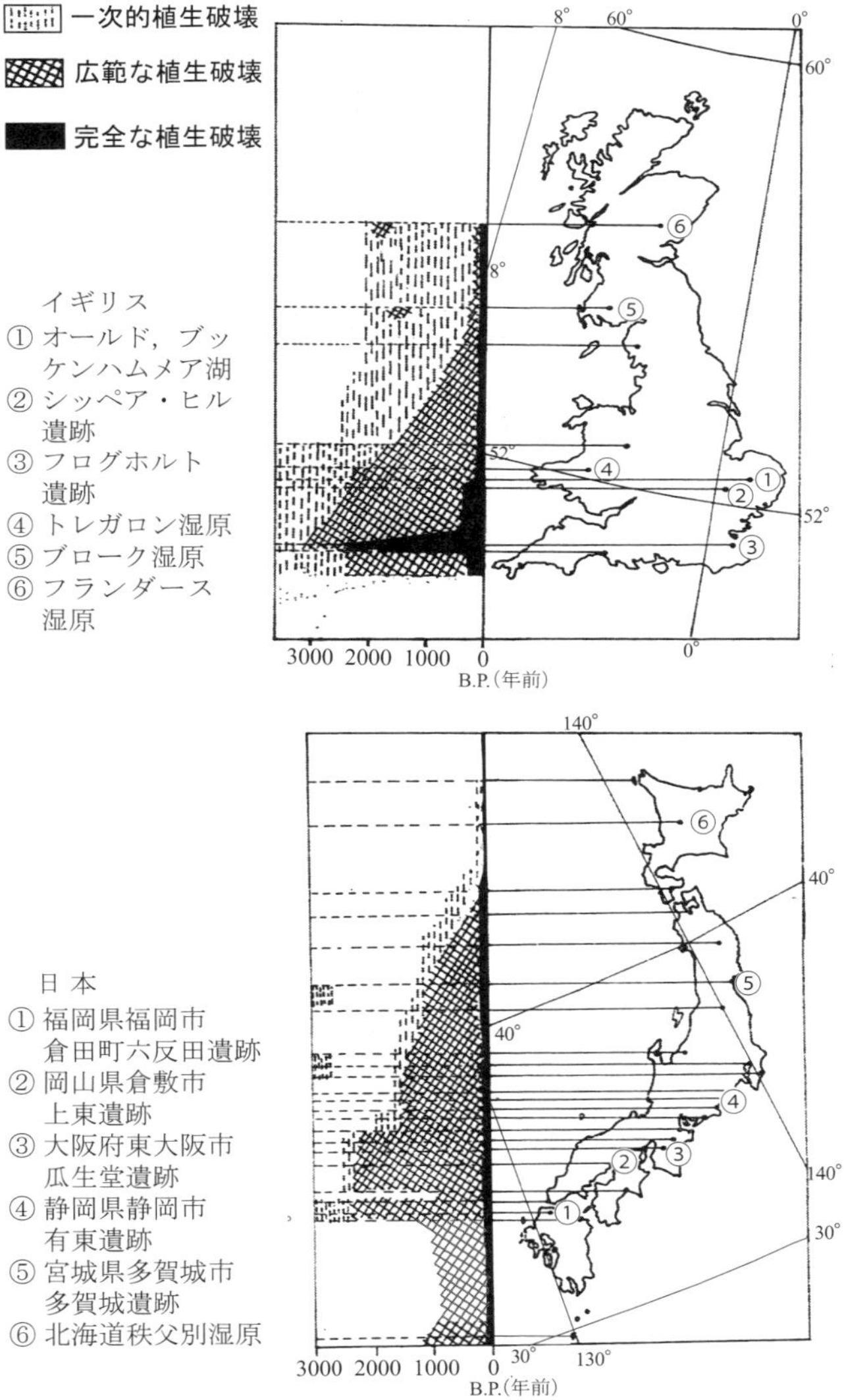


**図 4-6　イギリスと日本の森林破壊の比較**　（安田,1974）

これに対し、日本においては水田稲作伝播にともなうイネ科花粉の増加と、強固な結合を持つ雑草花粉は、低湿地に生育するヨシなどの野生のイネ科、タデ属、カヤツリグサ科、ゼンマイ属、単条溝胞子や荒地に生育するギシギシ属、セリ科、ヨモギ属、キク科などであった。

イギリスにおいては、ヨモギ属、オオバコ属、ギシギシ属、キク科など比較的乾燥した荒地に生育する雑草が多かったのに対し、日本においては低湿地に生育する野生のイネ科、カヤツリグサ科などの出現率が高く、イギリスと日本における農耕形式の違いが、雑草花粉の出現状態の違いとしても反映されていることが明らかとなった。

また農耕の伝播を示唆するイネ科花粉の出現状態についてみても、生産活動の中心が沖積低地にあった日本においては、栽培型の稲・麦などが伝播する以前からその地域にはイネ科のヨシなどが生育しており、イネ科の出現は必ずしも農耕の伝播を意味しなかった。したがって日本にあっては、イネ科花粉の出現率から農耕の伝播を論ずることはむずかしかった。イネ科花粉の中から栽培型の花粉を区別する必要があったのである。

一方、イギリスでは農耕活動をともなう人の影響によって、木本花粉のコナラ属コナラ亜属、ハンノキ属、ニレ属などの花粉が減少した。とりわけ特徴的なのはニレ属の花粉の減少であった。気候変動に関係なく、このニレ属の花粉が減少した場合は、イギリスにおいては農耕が伝播したと見ることができた。なぜなら、畑作牧畜の農業はイギリスへ伝播した当初から家畜をともなっていたが、このニレ属の樹皮や樹葉はこうした家畜にとってもっとも好適な飼料となったからである。

これに反して、農耕の伝播にともなって顕著に増加する木本花粉もあった。それはハシバミ属である。

このハシバミ属は、いわゆる〝踏みつけ植生〟で、家畜などに踏まれることによって逆にその生育地を拡大するものである。したがって、イギリスの南部諸地域などにおいては、農耕伝播にともなうこのハシバミ属の増加はとくに顕著であった。このように、イギリスにおいては、農耕伝播にともなう人類の森林破壊に際しては、家畜による植生破壊が大きなウェートを占めていた。

一方、日本の場合、南日本においてはシイ属、コナラ属アカガシ亜属を中心とする常緑広葉樹林（照葉樹林）が、北日本においてはブナ属、コナラ属コナラ亜属を中心とする落葉広葉樹林が、稲作伝播によって切り開かれていった。その際、農耕活動にともなう火入れ以外に、福岡県倉田町六反田遺跡、大阪府東大阪市瓜生堂遺跡、岡山県倉敷市上東遺跡、静岡県静岡市有東遺跡・宮城県多賀城市多賀城址などで見られたように、開田のため周辺の森林が破壊されるとともに、土木用材・木工具、あるいは建築材入手のため森林を切り開くことも、人類による植生破壊の中で大きなウェートを占めていた（安田、二〇一七[37]）。

したがってイギリスにおいては、人類の植生破壊は自らの居住地と農耕地の拡大を意味し、いったん破壊された森林は農耕地が放棄されない限り再生することはなかった。

これに対し、日本においては、森林の破壊はイギリスほど直接的に居住地の拡大に結びつかず、丘陵地の森林地帯が農耕地として利用される程度は、イギリスに比してはるかに少なかったものと考えられる（安田、二〇一七[37]）。

## イギリスと日本の決定的な相違

日本においては、水田稲作伝播にともなう人類の森林破壊は沖積平野周辺の平地林の絶対面積を減少させはしたが、それ以外の山間部・丘陵地の森林はいったん切り開かれたものの、その後にマツ属、スギ属、コナラ属コナラ亜属の雑木林などの二次林が再び生育することになった。

日本の水田稲作伝播にともなう人類の森林破壊は、沖積低地の森林の絶対面積は減少させたが、それ以上に森林の構成種に大きな変化をもたらしたと見ることができる。さらに日本がイギリスに比して気候が温暖かつ湿潤であったことも、森林の再生をより容易にした。

したがって、イギリスにおいては、第三の完全なる植生破壊の段階が明瞭であったのに対し、日本ではこの第三の段階は明瞭でなく、現在の植物景観を形づくった植生変革は二葉マツ類（マツ属複維管束亜属）の急増するところに求められ、イギリスのように森林面積の絶対的減少を意味しなかった。

鉄器時代に入ると、イギリスでは南部諸地域においては、広範な植生破壊の段階が一般化してくる（図4-6上）。フログホルト遺跡（Frogholt Site）のように、青銅器時代に広範な植生破壊の段階に達したところもあったが、この時代になるとオールド・ブッケンハムメア湖やトレガロン湿原（Tregaron Bog(38)）等南部諸地域においても、急速な森林破壊が引き起こされてくる。

鉄器文化の導入による広範な植生破壊の出現は、イギリス南部においては、紀元前五〇〇年頃（補正値）のことであった。この人類による急速な植生破壊は、単に鉄器の導入という以外に、牧畜を中心とする生産様式の発展にともなう家畜による植生破壊が大きな役割を果たしていた（たとえば、トレガロン湿原の分析結果(36)）。

一方、イギリスの北部諸地域においては、この鉄器文化導入による広範な植生破壊は、紀元前後（二〇〇〇年前）頃（補正値）になって、ようやく出現する（図4-6上）。これは南部諸地域に比して、約一〇〇〇年近く遅れている。しかも、ブローク湿原やフランダース湿原（図4-7）において見られたように、いったん引き起こされた広範な植生破壊も、その後、再び森林が回復し、農耕活動の放棄が認められるのである（たとえばブローク湿原の分析結果[36]によく見られる）。

イギリス北部諸地域においては、農耕地の拡大と後退という、辺境地方における自然と人類との闘いの様が、植物景観の変遷から、明白に読み取ることができた。

**図 4-7　フランダース湿原のヒース**

上：イギリス北部フランダース湿原のヒースの丘．これも人間が森林を破壊してつくった荒廃景観だった．（撮影　安田喜憲）

下：国立公園として保全されているフランダース湿原と筆者．（撮影　藤井 貴）

現代の植物景観を形づくった完全なる植生破壊の段階は、現代より約二〇〇〇～三〇〇〇年前にはじまった。イギリス全域において、時代的にはそれほど大きな差はない。そして完全なる植生破壊の段階を経て現代のようなヒースの丘（図4‐7上）になるのである。しかし、南部の石灰岩地帯のフログホルト遺跡においては、すでに紀元前二五〇〇年前頃から、現植生とほぼ類似した植物景観が形成されていた。

イギリスにおいては、新石器文化・鉄器文化などの、この地域の生態系を変化させるだけの新しい農耕の導入は、南部地域からはじまり、しだいに北部へと伝播、拡大していったことが、人類による植生破壊の地域的比較から、明らかになった。そうして農耕伝播による植生破壊の様式にも、南部と北部では、大きく異なることがわかった。

## ミルクの香りのしない文明

農耕形式が森林や生態系に与える影響から見ると、乳利用や肉食の家畜をともなう農耕かどうかということが、きわめて重要である。肉食用でかつ乳利用の家畜（ヒツジ・ヤギ・ウシ等）が主要なタンパク源を提供する畑作牧畜の農耕社会と、魚介類にタンパク源を求める稲作漁撈の農耕社会とでは、農耕が生態系に与える影響が根本的に異なる。乳利用・肉食用の家畜を飼い、タンパク質を肉とミルクから摂取する農耕社会では、私たちの言う里山は生まれなかったのである。

里山は、魚介類にタンパク質を求め、森里海の生命《いのち》の水の循環系を維持した稲作漁撈社会においてのみ、誕生し得たのである。

こうしたイギリスと日本の農耕伝播によって引き起こされた人類の森林破壊の様式の違いは、まとめれば、かたや農業の開始期から家畜を飼い、粗放的で特有の雑草群をつくりあげている畑作牧畜の農耕形式であるのに対し、かたやその生産の場が大河川の下流域の沖積平野にあり、家畜をともなわず、タンパク質を魚介類に求め、材木を多量に使用する土木工事（たとえば登呂遺跡の畦杭）をともなう稲作漁撈の農耕形式の違いによるものであった。

私は五〇年近く前にはじまり、近年の研究（Flenley and Yasuda, 2008[39]、安田、二〇〇九[40]、Yasuda, 2012[41]、安田、二〇一六[42]）にいたるまで、このことを主張し続けて来た。その出発はイギリスと日本の比較からはじまったのである。

## 四　「森の民」と「家畜の民」：日本とイギリス

### 「森の民」と「家畜の民」

ヨーロッパでは、農業生産力の発展は、労働集約化にもとめるよりも、労働粗放化を進める方がより効果的であった（安田、一九八八[43]）。経営規模を拡大し、労働を粗放的にすることが、土地生産力を活用することにつながるヨーロッパでは、森は一方的に減少していった。

そうした社会は、森林（自然）の側から見れば、一方的に収奪・搾取される社会である。つまり自然搾取型の地域システムを持つ。

これに反し、水田稲作農業を基本とする日本の社会では、経営規模をいたずらに拡大して粗放的にするよりも、労働集約的にした方が収量が多かった。里山に放牧を行うより、その里山の森林を建築材や燃料に、下草を水田の肥料として利用する方が土地生産性をより活用することにつながった。

近世中頃以降、野山をめぐる山論が激化する中で（安田、一九八五[19]）、里山の林間放牧はしだいに姿を消していかざるを得なかった。まさにヨーロッパの農耕社会は家畜を核に、日本の農耕社会は里山の森を核とする地域システムをつくりあげた。

日本人を「森の民」とするなら、ヨーロッパの人々は「家畜の民」と言うことができる。そして、家畜を核とするヨーロッパの農耕社会は、搾取型の地域システムを取り、里山の森を核とする日本の農耕社会は、循環型の地域システムを基本とした。

西欧に誕生した近代工業技術文明は、この搾取型の地域システムを持つ農耕社会を母胎としていることに、留意しなければならない。その搾取型の地域システムがグローバル化の掛け声の中で、世界中に広まったのである。

川喜田二郎氏（川喜田、一九八〇[44]）は「都市文明への主流となったのは、地中海型麦作農牧の伝統だった。──中略── 畜力利用で労働生産性をあげられ、その社会的余剰が都市発生の背景となったのではないか。──中略── 半農半牧的土地利用の上に都市革命（チャイルド）が加わったエコシステムが文明の主流になった。」という見解を提示している。

今日の世界を支配する文明は、搾取型の地域システムに立脚した文明であり、都市の発展はその搾取型地域システムを可視的に具現するものであった。搾取型地域システムを持つ社会は、発展的であるが、同時に破滅的である。これに対し再生の循環型地域システムの社会は、停滞的であるが永続的であるということができる（図4‐4）。

現代の世界は、搾取型地域システムを持つ近代工業技術文明の蔓延の中にある。その社会は、発展的であるが同時に破滅的である。近代工業技術文明を破滅の危機から救うためには、再生の循環型地域システムのよいところをとり入れた地域社会を構築していくことが、今必要なのではないか。

## 自然搾取型社会の蔓延

ヨーロッパの農耕社会は、森林（自然）の側から見れば、一方的に収奪・搾取される社会であった。その自然＝人間搾取系の伝統は、地中海文明以来の伝統の上に立った搾取型の地域システムを有していた。そして、それはまた遠くヒマラヤの山中にまで続いていた（川喜田、一九七七、一九八七[45]）。インドもまた、この自然搾取型の農耕社会に含まれよう。その自然搾取型の農耕社会を特色づけているのは、有畜農業であるということである。

石毛直道氏（石毛、一九八三[46]）によるユーラシア大陸の伝統的食事文化の分布の図に示された乳利用の分布圏が、ここでいう自然＝人間搾取系の農耕社会の分布圏に大略対応する。

森が食いつぶされ、近い未来に森が消滅する危険度の高い所が、この乳利用の分布圏である。おどろくべきことに、アフリカを含めた旧大陸の大半が、この自然搾取型の農耕社会をベースとしている。

そして、北西ヨーロッパに誕生した近代工業技術文明もまた、この自然＝人間搾取系の地域システムに立脚した農耕社会を母胎としていた。世界はこの自然＝人間搾取型社会の蔓延の中にあった。

森を破壊し尽くす文明の性格を基層に持つ地中海文明は、森林の側から見れば、一方的に搾取される自然＝人間搾取系に立脚した文明であった。その地域システムの核となるのは家畜であり、日本人を「森の民」とするならば、それは「家畜の民」と言うことができた。いま世界に蔓延する近大工業技術文明は、こうした自然＝人間搾取系の「家畜の民」の文明の延長線上に位置していた。

## 自然＝人間循環型社会の危機

およそ一万五〇〇〇年前頃、森の文化として誕生した縄文文化の伝統は、それに続く弥生時代から古墳、歴史時代へと、大きな断絶をこうむることなく受け継がれてきた。

森を破壊し尽くす中で、自らの文明を発展させてきた畑作牧畜文明やその延長線上の欧米文明を、自然＝人間搾取系の「家畜の民」の文明とすれば、縄文時代以来の森の文化の伝統に立脚した日本文明は、自然＝人間循環系の「森の民」の文明と呼ぶことができた。

明治以降一五〇年は、日本文明の歴史にとっては異常な時代であった。一万年以上にわたって受け継がれてきた永続性の高い自然＝人間循環系の「森の民」の文明が、崩壊の危機にさらされはじめたときである。とりわけ昭和三〇年代にはじまる高度経済成長期は、日本の自然史と日本民族の歴史を考える上で、大変重要な時代であった。

それは、縄文時代以来、一万年以上の長きにわたって連綿と受け継がれてきた森を核とする自然＝人間循環系の「森の民」の文明が、森を破壊し尽くす自然＝人間搾取系の「家畜の民」の文明に、急速に駆逐されはじめた時代であったからである。「家畜の民」の文化が「森の民」の文化を駆逐しはじめた。それをもっとも明瞭に可視的に具現したのが、山村の崩壊であった。

## 森の文化の伝統

一九八〇（昭和五五）年の段階で、私（安田、一九八〇(12)）は日本文化がいったいいつ頃から森と深い関わりを持ったか、その森の文化の伝統が日本文明の基層にどのように関わってきたかを見た。

そこでの結論は、日本はこれまでの世界の高度な文明を発展させたどの地域よりも、豊かな森の恵みに育まれ、森の文化を発展させてきたということであった。

日本との比較において、ヨーロッパにおける森と文化の関わりの歴史をとりあげた。古代地中海世界を支配したギリシャ文明や一五世紀にはじまる地理上の発見以来、近代工業技術文明を背景として、世界の支配者となった北西ヨーロッパの森と文明の変遷史を、日本との関わりで論じた。

そこで明らかとなってきたことは、日本人を「森の民」と呼ぶならば、近代工業技術文明を胚胎した北西ヨーロッパの人々あるいは、そのルーツとも言うべきギリシャ文明などの地中海世界の人々も含めて、「家畜の民」であるということであった。

「家畜の民」の自然観・世界観と「森の民」のそれとは根本的な相違がみとめられた。一言で言うならば、前者が自然＝人間搾取系の自然観・世界観を有しているのに対し、後者は自然＝人間循環系の自然観・世界観を有していると言うことであった。そして前者の「家畜の民」の文化的伝統はアメリカやソビエトに受け継がれ、世界はいまや「家畜の民」の支配下にある。

世界史は一面において「家畜の民」の侵略の歴史であるという側面を持っている。この地球上から姿を消した文明は、全て「家畜の民」の侵略の中で消滅したと言っても過言ではなかろう。

ナイル川の水を媒介として一万年以上にわたって自然＝人間循環系の文明を維持してきたエジプト文

明は、地中海の「家畜の民」の文明の侵略の中で崩壊しているし、地理上の発見以降、アフリカや中・南米の先史時代以来の伝統的文明は、ことごとく北西ヨーロッパ文明の侵略の中で消滅した。

そうした中で、日本は鎖国という制度によって、東アジアの島国という地理的条件に助けられて縄文時代以来の森の文化の伝統をぬくぬくと温存できた。

鎖国にも力が要ることは、その後の平川 新氏（平川、二〇〇八、二〇一八(47)）によって指摘された。戦国時代の武力闘争がスペインやポルトガルの西欧列強諸国の植民地化から日本を守る上で、大きく役立ったのである。日本の未来は準鎖国しかないという金子晋右氏（金子、二〇一八(48)）の意見もある。

インカ文明やアスティカ文明は「家畜の民」の侵略の中で崩壊していった。インディヘナの人々が花を持って出迎えているのに、スペイン人たちは鉄砲を持って出迎えに応じている。この鉄砲と花に平和に対する願い、人を信じる心のあり方の違いが明白に示されているように思う。

川勝平太氏（ノエルペリン、一九九一(49)）が紹介しているように、それは「力と闘争の文明」に対する平和を希求する「美と慈悲の文明」（川勝・安田、二〇〇三(50)）だった。

現代が、鉄砲の文明の延長にあり、他人を信頼しない欧米の文明をグローバル化の名の下に推し進めている時代である。だがその他人を信ぜず、自然を一方的に収奪・搾取する文明のあり方にかげりが見えはじめてきたのではあるまいか。

過去に感謝し未来に責任を持って生きる生活様式（ライフスタイル）を、日本文明は温存してきた。それは、小さな島国の楽園であたためてきた先史時代以来の文明的伝統を温存できたから可能になったのかもしれない。アフリカから来た留学生が「日本は千年前のことがずっと受け継がれている。うらやましいですね」と言ったことが忘れられない。

そうした楽園に危機が訪れたのは明治維新であった。鎖国か開国かをめぐって、激しい議論が闘わされた。しかし、欧米の「物質エネルギー文明」に日本が遅れを取っていたことは事実である。薩摩や長州の下級武士たちは、そのことを見抜いていた。しかし、明治以降も、「森の民」としての文明的伝統は、日本の農山漁村では、失われることなく維持されてきた。

その次の危機は第二次世界大戦の敗戦だった。しかし、少なくとも高度経済成長期以前の日本の山村には、トチモチやドングリ団子など、縄文時代以来、七〇〇〇年以上にもわたって受継がれてきた同じ食物が、縄文人とまったく同じ方法でつくられていた。

近代工業技術文明が蔓延する中でも、縄文時代以来の森の文化の伝統が、この小さな小宇宙には細々と生き続けていた。その価値の再認識こそが、今、必要とされているのである。

## 山村の崩壊の文明史的位置

山村が昭和三〇（一九五五）年代後半以降、急速に崩壊をはじめた。

山村の崩壊は大都市の発展と裏腹の関係にあった。それは欧米の「物質エネルギー文明」の影響下で、日本の経済構造が都市中心型に展開していく中で引き起こされていた。少なくとも昭和三〇年代前半までは日本の山村は相対的に自立性を保持していた。ところが、昭和三〇年代後半に入って、山村は急速に崩壊していく。その崩壊をもたらしたのは、日本の過重なまでの欧米の「物質エネルギー文明」への傾斜であった。二〇一五(平成二七)年の段階で九三・五％の日本人が都市に暮らしているという指摘(元木、二〇一七(51)もある。

日本の山村の崩壊は、縄文時代以来一万年以上にわたって森の文化を維持してきた文明地帯の崩壊であった。それは自然＝人間搾取型の地域システムを持つ都市型文明が、一万年以上にわたって受け継がれてきた自然と調和的な自然＝人間の循環型地域システムを持つ森の文明地帯へ侵入し、それを打ち崩したことを意味する。

今後、日本の文明史において山村が急速に崩壊した昭和三〇(一九五五)年代から昭和四〇(一九六五)年代にかけては、きわめて重要な時代となろう。なぜなら、その時代は、縄文時代以来日本文化の基層となってきた森の文化・森の文明の伝統がはげしくつき崩され、森の文化・森の文明の断絶がはじまった時代であるからである。

## 引用文献および注

(1) Y. Yasuda (ed.)：*The Origins of Pottery and Agriculture*. Lustre Press and Roli Books, Delhi, 2002.
(2) 安田喜憲：『稲作漁撈文明』雄山閣、二〇〇九年
(3) Yan Wenming：Contributions of the origin of rice agriculture in China. *YRCP Newsletter*, 1-1, 6-8, 1998.
(4) 雲南省博物館偏：『雲南省博物館』文物出版社　一九九一年、張増祺：『晋寧石寨山』雲南美術出版社　一九九八年
(5) 千田稔：『王権の海』角川選書　一九九八年
(6) 安田喜憲：『森の日本文明史』古今書院　二〇一七年
(7) 安田喜憲：『日本文化の風土』朝倉書店　一九九二年
(8) 梅原猛・安田喜憲編：『縄文文明の発見』ＰＨＰ　一九九五年
(9) 西川治監修：『アトラス日本列島の環境変化』朝倉書店　一九九五年
(10) 安田喜憲：『森を守る文明・支配する文明』ＰＨＰ　一九九七年、安田喜憲：『日本よ森の環境国家たれ』中

公叢書　二〇〇二年
(11) 吉良竜夫：「里山のエコロジー」広島大学総合科学部講演　一九七九年
(12) 安田喜憲：『環境考古学事始』ＮＨＫブックス　一九八〇年、のちに洋泉社　二〇〇七年より再刊
(13) 四手井綱英：『森林』法政大学出版局　一九八五年
(14) 藻谷浩介・ＮＨＫ広島取材班：『里山資本主義』角川 oneテーマ21　二〇一三年
(15) 栗原藤七郎：『東洋の米西洋の小麦』東洋経済新報社　一九六四年
(16) 筑波常治：『米食・肉食の文明』ＮＨＫブックス　一九六九年
(17) 鈴木秀夫：『森林の思考・砂漠の思考』ＮＨＫブックス　一九七八年
(18) 吉澤保幸：『グローバル化の終わり、ローカルからのはじまり』経済界　二〇一二年
(19) 安田喜憲：「森の民としての日本人の空間認知」『歴史地理学紀要』二七　一九八五年
(20) 速水 融：『近世濃尾地方の人口・経済・社会』創文社　一九九二年
(21) 中尾佐助：『栽培植物と農耕の起源』岩波新書　一九六六年、中尾佐助：「農業起源論」『自然―生態学的研究―』中央公論社　一九六七年、中尾佐助：『中尾佐助著作集第Ⅳ巻』北海道大学出版会　二〇〇六年
(22) 佐々木高明：『熱帯の焼畑』古今書院　一九七〇年、佐々木高明：『稲作以前』ＮＨＫブックス　一九七一年
(23) 今西錦司・吉良竜夫：「生物地理」福井英一郎編『自然地理Ⅰ』朝倉書店　一九五三年
(24) Ｇ・Ｊ・カエサル（近山金次訳）：『ガリア戦記』岩波文庫　一九四一年
(25) Ｃ・タキトゥス（田中・泉井共訳）：『ゲルマーニア』岩波文庫　一九五三年　改訂版　一九七九年
(26) H.C. Darby: The clearing of the woodland in Europe. in W.L. Thomas, Jr. (ed.) *Man's role in changing the face of the earth*, Univ. Chicago Press, London, 1956.
(27) V.R. Gradmann: Das mitteleuropaische Landschaftsbild nach seinen geschichtlichen Entwicklung. *Geog. Zeit.* vol.7, 1901, V.R. Gradmann: Beziehung zwischen Pflanzengeographie und Siedlungsgeschite. *Geog. Zeit.* vol. 12, 1906.
(28) 水津一朗：「ヨーロッパ集落の生態」『史林』三三　一九五〇年
(29) 佐々木高明：「焼畑農業の研究とその課題」『人文地理』一七　一九六五年
(30) 千田稔：「農耕の発生・伝播についての景観論的研究」『人文地理』二二　一九七〇年
(31) B.W.H. Pearsall and W.P. Pennington: Ecological history of the English Lake District. *The Journal of Ecology*, 34, 1947.
(32) E.J. Salisbury and F.W. Jane: Charcoals from midden Castles and their Significance in relation to the vegetation and climatic conditions in prehistoric times. *The Journal of Ecology*, 28, 1940.

(33) H. Godwin: *The history of British flora*. Cambridge University Press, London, 1956.
(34) D. Walker and R.G. West (eds.): *Studies in the vegetational history of the British Isles*. Cambridge University Press, Cambridge, 1970.
(35) J. Turner: A contribution to the history of forest clearance. *Proc. Roy. Soc. B*, 161, 1965
(36) 安田喜憲：「農耕伝播による人類の森林破壊の比較歴史地理学的研究：イギリスと日本」『人文地理』二六　一九七四年
(37) 安田喜憲：『森の日本文明史』古今書院　二〇一七年
(38) 安田喜憲：『森林の荒廃と文明の盛衰』思索社　一九八八年に、ハンブレトン丘陵やトレガロン湿原などの花粉ダイヤグラムが示されている。のちに新思索社　一九九五年より再刊
(39) J. Flenley and Y. Yasuda: Environmental variability and human adaptation in the Pacific Rim and the sustainability of the islands. *Quaternary International*, 184, 2008.
(40) 安田喜憲：『山は市場原理主義と闘っている』東洋経済新報社　二〇〇九年
(41) Y. Yasuda (ed.) : *Water Civilization; from Yangtze to Khmer civilizations*. Springer, Heidelberg, Tokyo, London, 2012.
(42) 安田喜憲：『ミルクを飲まない文明』洋泉社　二〇一六年
(43) 安田喜憲：「山村崩壊の文明史的位置」『山村研究年報』第九巻　五箇山山村研究センター　一九八八年
(44) 川喜田二郎：「生態学的日本史への序説」筑波大学歴史・人類学系　一九八〇年
(45) 川喜田二郎：「中部ネパールヒマラヤにおける諸文化の垂直構造」『季刊人類学』八　一九七七年、川喜田二郎：『素朴と文明』講談社　一九八七年
(46) 石毛直道：「稲作社会の食事文化」佐々木高明編『日本農耕文化の源流』日本放送出版協会　一九八三年
(47) 平川 新：『開国への道』(全集日本の歴史第12巻) 小学館　二〇〇八年、平川 新：『戦国日本と大航海時代』中公新書　二〇一八年
(48) 金子晋右：『グローバリズムの終焉と日本の成長戦略』論創社　二〇一八年
(49) ノエル ペリン(川勝平太訳)：『鉄砲を捨てた日本人―日本史に学ぶ軍縮』中公文庫　一九九一年
(50) 川勝平太・安田喜憲：『敵を作る文明・和をなす文明』ＰＨＰ　二〇〇三年
(51) 元木 靖：「環境と経済の間：21世紀の文明史的課題」五味久壽ほか編『21世紀資本主義世界のフロンテイア』批評社　二〇一七年

# 第五章　「森の民」日本人の危機

富士山と駿河湾　（撮影　大野 剛）

# 一　人は自然があるから生きられる

## 森の農耕社会の誕生

日本列島に稲作が伝播するとき、ヒツジやヤギの家畜を欠如した。ヒツジやヤギは森の下草のみでなく、樹木の若芽や樹皮を食べ尽くす。ヒツジやヤギの家畜を欠如することは、森を守ることを意味する。このことが、里山を生み出す上で大きな意味を持った。

日本の水田稲作農業は、森の資源を利用する森の農耕文化として出発した。だが学生時代に、私たちはヨーロッパ中世の三圃式農法を先進的な農業のやり方として学んだ。畑作で連作すると土地がやせる、だから休閑地を設けて家畜を放牧し、家畜の糞で地力を回復する。こうした土地のローテーションをあみだしたヨーロッパ文明にあこがれ、「森の資源を利用する日本の里山の賢い農法がすばらしい」と説く研究者は皆無だった。欧米の「物質エネルギー文明」のきらびやかさにあこがれた戦後の日本人は、森を破壊し尽くし、土地を休めなければならない愚かな農耕方法にまであこがれていたのである。今思うとなんと愚かな日本人だったかと思う。

日本の里山の資源を利用する水田稲作は、連作が可能である。里山の下草や小枝が肥料となり、里山で涵養された生命《いのち》の水が、連続してお米をつくることを可能にしているのである。里山を核とした社会をつくることは、生命《いのち》の水によって人と人が繋がる社会を構築することだった。

家畜を欠如し、里山の資源を利用した日本の森の文化のすばらしさを私は一九八〇（昭和五五）年に初めて指摘し、「里山の文化」と言う用語も初めてそのとき使用した（安田、一九八〇〔1〕）。独立の章をたてて里山に触れているにもかかわらず、一般の人々にはその里山の重要性を指摘する私の説は、まったく共鳴しなかったようだ。それから四〇年近くがたって、やっと多くの人々が里山の重要性に注目するようになった。その背景には、藻谷浩介氏（藻谷、二〇一三〔2〕）のような里山資本主義の重要性についで触れる説などが大きく影響しているのであろう。

## 稲作漁撈文明の発見

里山をつくり、森の資源を農耕活動に利用する稲作漁撈文明（安田、二〇〇九〔3〕）の重要性を、わずかの研究者を除いてこれまで指摘してこなかった。まさか、お米をつくり魚介類を食べる稲作漁撈民が文明を持っていたとは、誰も思わなかった。

高校時代の世界史の教科書には、古代文明としてメソポタミア、エジプト、インダス、黄河の四大古代文明があげられていた。だがこれらの四大古代文明は、畑で麦類を栽培し、ヒツジやヤギなどの家畜を放牧して、パンを食べミルクを飲んで肉を食べる人々がつくった畑作牧畜民の文明だった。今、メソポタミアの「肥沃な三日月地帯」に行ってみると、岩だらけの禿山《はげやま》が続くだけである。「どうしてこんなところが肥沃と言えるのだ」と疑問に思われるに違いない。ところがこんな岩だらけの禿山《はげやま》にも、一万年前には豊かな森があったのである（Yasuda, 2001〔4〕）。それをヒツジやヤギ等の家畜がみんな食べ尽くしてしまったのである。

## 長江文明の発見

稲作漁撈民は、素晴らしい文明を持っていたのである。その代表としての長江文明が発見された。長江文明の発見についてはすでに報告したので（梅原・安田、二〇〇四[5]）、詳しくはそちらを参照いただきたい。中国文明は黄河流域だけでなく、長江流域にも発展していたのである。肥沃な三日月地帯が砂漠の荒野に変貌してしまったのに対し、この稲作漁撈民の文明が発展した場所は、今でも豊かな大地が広がり、人々が暮らしていけるのである（Yasuda, 2002[3]）。

その長江文明の生業の背景は、稲作漁撈だった。長江の人々はお米を食べ、味噌汁を飲んで、タンパク質には魚介類を主として食べたのである。トイレの糞尿の臭いはしても「ミルクの香りがしない」のである。

日本の弥生時代以降の稲作漁撈は、まさにこの長江文明の影響のもとにはじまった。私は長江流域から直接東シナ海をわたって、日本列島に稲作が伝播したとまで考えている（安田・七田、二〇一八[6]）。日本列島に長江流域から直接伝播した稲作は、もともとヒツジやヤギの家畜を欠如していたのである。だから、日本の弥生時代の人々はヒツジやヤギを飼わなかった。

それではなぜ、ヒツジやヤギを飼う畑作牧畜民は、長らく長江流域に侵入できなかったのであろうか。それは、長江流域が深い森に覆われていたからである。しかも森の下に展開する沖積低地は、じめじめしてマラリアなどの風土病も存在した。

からりとした黄河流域や朝鮮半島の風土は、ヒツジやヤギを飼う畑作牧畜民には適した風土だった。だが、長江流域は畑作牧畜民にとっては苦手な風土だった。

## 家畜の糞の代わりに森の資源に活力をみつけた

しかし、農耕をやるには肥料がいる。ヨーロッパの三圃式農法では、地力を回復させるために休閑地を設け、家畜を放牧してその糞で地力の回復を図った。ところが水田は連作が可能だった。それは灌漑水に栄養分が含まれているからである。灌漑水の運んでくる栄養分が地力を維持したのである。

とはいえ、長年連作していると地力がおちる。だが、見わたしてもヨーロッパのように糞をして地力を回復してくれる家畜はいない。そこでまず、稲作漁撈民が考えたのが森の資源を利用することだった。森の下草や若枝を刈敷と称して、肥料として水田に埋めた。江戸時代は草山が広く存在し、水田の肥料として採草地が重要な資源だったのである。さらに、海の資源の干し糟や海藻も肥料にした。イワシなどの干し糟や昆布などの海藻が、水田の肥料になったのである。

化学肥料が普及するまで、人々は山と森と海の資源を水田稲作農業に利用した。その水田稲作農業に資源を供給した山を、里山と呼んだのである。里山は下草として水田の肥料を提供するだけでなく、薪や建築材、土木用材、農耕具の柄などを提供し、食料となる山菜やキノコも提供してくれた。ギフチョウをはじめ昆虫や植物にとっても、生物多様性がもっとも豊かなのは里山であった。また、里山から溢れ出る「生命《いのち》の水」は、水田を潤して連作を可能にするだけでなく、水田に水生植物を繁茂させ、ヤゴ、ゲンゴロウ、コイ、フナ、ドジョウ、タニシなど多くの生命《いのち》に満ち溢れた世界を現出させたのである。

## 里山はバッファゾーンだった

里山は、純粋自然としての奥山と、人間の暮らしの間に存在するバッファゾーン（緩衝地帯）であった。森と敵対し、森という森を食いつぶし、生命《いのち》の水の循環を破壊して家畜と人間だけの世界を創造しようという欧米の畑作牧畜文明とは異なり、里山は奥山とのバッファゾーンとしての役割を果たし、日本の森と自然を守ったのである。

江戸時代末期のもっとも森林資源が枯渇したときでさえ、日本の森が国土の六〇％を切ったことはなかった。それは里山のおかげなのである。

これに対してミルクを飲み、肉を食べた畑作牧畜民は、山のすみずみまで森を破壊し尽くした。一二世紀にアルプス以北のヨーロッパの大地は、ヨーロッパブナやヨーロッパナラの大森林に覆われていた。ところがそれからわずか五〇〇年後、イギリスの本土の九〇％、スイスの国土の九〇％、ドイツの国土の七〇％の森が破壊し尽くされたのである。それはもちろん人間による破壊であるが、主役は家畜たちだった。これではいけないということで、北西ヨーロッパでは一八～一九世紀に植林を行い、今、北西ヨーロッパは森の国になっている。

だがもともと、里山の概念がないヨーロッパの国々では、日本のように奥山と人里の間にバッファゾーンとしての里山の森を設定することはできず、森が復活したのは都市周辺だけだった。都市住民が一八～一九世紀以降、植林を行ったのである。今でも奥山には牧草地が広がっているだけなのである。

日本だったら奥山の水は、手ですくって飲める。しかし欧米では奥山の美しい水も家畜の糞で汚染されているから飲めないのである。ヨーロッパの地表水はすべて家畜の糞で汚染されている。もし飲み水を得ようと思ったら地下一〇〇〇メートルまでボーリングしなければならない。家畜の糞に汚染された水を飲むと、ひどいときにはメタグロビン血漿という病気を引き起こし、糖尿病患者などは死亡する場合がある。

## 先見の明のない地方のリーダーは未来を封殺する

今の地方や国のリーダーには、先見の明が必要なのではあるまいか。先見の明のない人がリーダーになると、国や地方も荒廃する。先見の明がない人は、リーダーになってはいけないのである。この国と地方の未来をどう創造するかを、リーダーは考えなければならない。

ヒツジやヤギを、朝鮮半島の農耕民は持っていた。なのに日本列島には伝わっていない。誰がヒツジやヤギを受け取ることを拒否したのだろうか。

それは天武天皇だった。天武天皇は五畜を食べることを拒否した肉食禁止令を六七五（天武天皇四）年にだしたのである。禁止令の五畜は今日言われる一般的な五畜と若干異なり、牛・馬・犬・猿・鶏であった。以来、明治維新に至るまで、日本人はヒツジやヤギなどの家畜を飼うことを止めたのである。

里山は奥山と人里の間のバッファゾーンとして、生物多様性を維持するだけでなく、生命《いのち》の水の循環系を維持する上で大きな役割を果たした。稲作漁撈民は、今となっては貴重な海の資源であるイワシや昆布なども水田の肥料として利用した。このように日本近海で大量の漁業資源が獲れるのも、里山のおかげである。森の栄養分が海に入り、プランクトンを育て、それが魚介類を育てるからである。

ギリシャの海がやせているのは、陸の森を徹底的に破壊し尽くしたからである。かつてギリシャ文明が繁栄した時代、ギリシャにも森があった。だが、その森を人間だけでなくヒツジとヤギが、たった二〇〇〇年で食いつぶしたのである。

このことを私は四〇年以上言い続けてきたが（安田、二〇〇九(7)）、いまだに広く理解されないのは誠に残念である。しかし、共同研究者の経済産業省岸本吉生氏・環境省中井徳太郎氏や、ＮＰＯ場所文化フォーラムの吉澤保幸氏（吉澤、二〇一二⁽8⁾）、地球村研究室の石田秀輝氏（石田、二〇〇九⁽9⁾）等の努力によって、里山を守り、森里海の生命《いのち》の水の循環系を守ることの大切さが、しだいにわかりはじめてきた。

宮城県の海岸部に、コンクリートの巨大防潮堤（図5-1）をつくるという計画が持ち上がり、建設が着々と進行中である。国土強靭化という名の下に、国土をコンクリートで守ろうとする。コンクリートの巨大防潮堤の建設は「津波の恐怖におびえる地元住民の生命《いのち》と財産を守るために必要不可欠だし、公共事業によって経済の再生をはかる」という大儀名分が後押しした。

しかし、コンクリートはせいぜいよくもって五〇年である。高さ一〇メートル以上・底辺一〇〇メートル以上にも達する巨大な重さの防潮堤を、軟弱地盤の海岸部に構築するためには、地盤の固い沖積基底礫層にまで達する支持杭としての矢板を、何万本と撃ち込まなければならない。その莫大な数の矢板によって、宮城県の豊かな海を支えてきた森里海の地下水の流れと循環が大きく変わる。

「森は海の恋人」運動で自ら牡蠣《かき》の森を植林した畠山重篤氏が実証したように（畠山、

**図 5-1　仙台平野につくられたコンクリートの防潮堤**
海側ののり面はコンクリートの真ん中に石が詰められ，陸側はべた一面コンクリートになっている.（撮影　安田喜憲）

二〇〇五、二〇〇六(10)、宮城県沿岸の豊かな森は、背後の里山によって支えられている。里山の森の栄養分が海に流れ、プランクトンを育て、そして豊かな漁場をつくっているのである。その里山の森の栄養分を海に運ぶのは、地表を流れる川だけではない。地下水の流動が大きな役割を果たしているのである。

里山の森の栄養分を含んだ地下水が海底から湧き上がることで、プランクトンを育て、魚を育てている。それはすでに富山湾や駿河湾で実証済みのことである。日本人はこの里山と里海の「生命《いのち》の水」の循環の中で、縄文時代以来千年も万年も生き続けてきたのである。

戦後、巨大なダムがつくられ、各河川の流水量が激減したのに、日本近海の里海の豊かさがただちに減らなかった。川の水が減少しても、地下水が森の栄養分を海に運んでいるから、日本近海の里海はしばらくは豊穣の海であり続けることができたのである。

里山と里海をつくり、その文化的伝統を守ってきた人々の叡知を未来に残すことは、日本人と日本文化を守り未来に伝えるために、どうしてもなさなければならないことである。

「今あなたが地方の政治と行政を任されているのは、未来の子どもたちのためなのである。」

「リーダーに先見の明がないとき、子どもたちの未来は封殺される。」

このことをどうか肝に銘じてもらいたい。

## 縄文の森の文化が弥生の稲作を取り込んだ

森と海の資源を利用する農耕社会を確立することに成功した背景には、越人がもたらした水田稲作農業が漁撈とセットになったものであったということがひとつの要因としてあげられた。しかし、かつて越人が生活した中国、今日でも越人の子孫が住む雲南省においてさえ、照葉樹の森はことごとく破壊されていた（図4‐5、一三二頁と四章扉）。このことは、日本列島に伝播した水田稲作農業が漁撈とセットになっていたと言うだけでなく、里山の農業を生み出す背景には、さらに別の要因がきわめて大きな役割を果たしたと言えた。

それは、縄文時代以来の森の文化の伝統であった。五〇〇〇年前の青森県三内丸山遺跡においては、すでにクリ林を半栽培にちかい段階にまで集中的に利用する技術が確立されていた（梅原・安田、一九九五(11)）。こうした縄文時代に培われた森の資源を利用する技術やライフスタイルが、弥生時代以降の水田稲作農業を受容するにさいしても大きく働いたと言えるだろう。

縄文時代には海の魚介類を利用する技術は発達していたが、家畜を飼育する技術は未発達であった。それ故、縄文時代以来、日本列島に生活していた人々は、家畜を飼うことに不慣れであった。しかも、縄文時代以来の森の文化の伝統を強く持った日本に越人がもたらした稲作もまた、漁撈とセットになっていた。森の文化の伝統が、稲作農耕社会の開始にあたっても、大きな役割を果たしたのである。私はこれを「縄文の森の文化が弥生の稲作を取り込んだ」と表現した。

## 二　生命《いのち》の水を核とする循環システム

### 身近な自然が共存・共生を可能にした

里山の森の資源を利用する農耕社会を確立したことによって、日本人の世界観や自然観は、里山から大きな影響を受けた。江戸がロンドンよりも人口の多い大都市であったにもかかわらず、夜になるとキツネやタヌキが徘徊するだけの自然の豊かさを維持できた。その背景には、里山の存在がきわめて大きな役割を果たしていたと述べた（第四章一三二頁）。しかし、森林面積は日本の国土の六〇％以上に達していた。北西ヨーロッパの森林面積がこの時代にすでに一〇～三〇％（当時、植民地はまだまだ森に覆われていた）にまで減少していたことを考えると、それは人類史における奇蹟であるとさえ言えた。

このように日本人の歴史を通してたえず身近なところに里山の森が存在したと言うことは、日本人の自然観や世界観にも、見えないところで大きな影響を与えていた。

## 自然が生んだ世界観

日本人が抱き続ける自然への畏敬の念、再生と循環の世界観などは、身近なところに自然が存在することによって培われてきたものにほかならない。里山は、日本人が身近に接することができたところで、自然の生命《いのち》の営みを季節の変化におうじて展開し、人々に自然への畏敬の念や再生と循環の世界観を醸成したところである。それだけではなく、里山を核とする地域システムの構築は、流域単位の生活様式（ライフスタイル）をつくりだすことにも成功した。水源涵養林としての役割をも担う里山から発する水を軸として、上流・中流・下流の人々が運命共同体であり、「利他の心」が重要であるという世界観もまた、里山の森の資源を利用する農耕社会の中で培われてきたものにほかならなかった。

二一世紀の地球環境の危機の時代に、先進国となった日本が選択すべきビジョンや生活様式（ライフスタイル）のヒントは、やはりこの里山の森の思想の中にあるのではないか。縄文時代のクリ林、農耕社会の里山や流域を単位とした生活様式（ライフスタイル）の存在、そして現在にまで受け継がれている自然への畏敬の念や再生と循環の世界観に端的に示されるように、日本人は森の文化を守り、森とともに生きる道を選択してきた。それはたえず身近なところに自然があり生命《いのち》の鼓動があったからなのである。

## 水によって人と人がつながる社会

生きとし生けるものの体は約七〇％が水らしい。ヘビもカエルもヒトも体の約七〇％は水でできている。その生命《いのち》の水の循環系を守り通し、美しい水、安全な水を維持したことが、日本人が長命であることと深くかかわっている。

森を破壊するということは、生命《いのち》の水の循環系を破壊し、森とともに暮らした何億・何兆という生命《いのち》を奪うことなのである。中国内陸部の畑作牧畜社会では上流と下流の人が、水をめぐって争い、死者まででるらしい。

稲作漁撈社会では上流の人も中流の人も下流の人も水がなくては生きられないから、最後はともに協力して水を利用する。この地球上に生まれた生命《いのち》あるものと共に、千年も万年も生き続けることに最高の価値を認める世界観がそこからは生まれた。それが「利他の心」である。

したがって「利他の心」は「水心」と言ってもよい。自分の利益は八〇％、残りの利益二〇％は他者のために使う。そして穏やかな社会を維持する。これが稲作漁撈社会の根幹を形成する哲学である。稲盛和夫先生の哲学は、まさに稲作漁撈民の哲学（稲盛、二〇〇四、二〇一四[12]）である。

## 流域を核とする再生と循環の世界観

地球環境危機の時代に日本人が選択しなければならないのは森であろう。私（安田、一九九七、二〇〇二[13]）は「森の環境国家」の構築を提案している。その「森の環境国家」の最小単位は流域であった。そして流域を単位として森を核にした循環型社会を構築していくことこそが、資源小国日本が生き延びる道にほかならないと思うのである。

私は『森の日本文明史』と言う本（安田、二〇一七[14]）を刊行したが、山に森をはやし、森里海の生命《いのち》の水の循環システムを維持してきたのは稲作漁撈民だった。

富士山の山頂と駿河湾は四〇キロメートル離れているだけだ。駿河湾からは富士山がよく見える（第五章扉）。落差六〇〇〇メートル以上、水平距離四〇キロメートルと言うのは、地球という視野からみれば絶壁である。その絶壁に静岡県民は張り付いて暮らしているのである。その絶壁に張り付いて暮らす人々が選択した「生き方」（稲盛、二〇〇四[12]）とは、森里海の生命《いのち》の水の循環系をまもり、生物多様性を守って生きることだった。

魚介類をタンパク源にするためには、川に水が流れていなければならなかった。川に水が流れるためには山は水源林に覆われていなければならない。森から運ばれる栄養分が海のプランクトンを育て、海を豊かにしていることを、日本人は「魚付《うおつ》き林《りん》」と呼んで、古来から体験的に知っていた。

「漁師が山に木を植える」。これを実行したのが宮城県気仙沼の漁師畠山重篤氏（畠山、二〇〇六[10]）だった。しかし私が「森里海の生命《いのち》の水の循環がサクラエビの繁殖を支えているのだ。柿田川の美しい湧水（図5－2下）が富士山の湧き水であり、駿河湾のサクラエビも森里海の生命《いのち》の水の循環を大切に

**図 5-2　富士山の湧水**

上：富士山の湧水がつくる富士山本宮浅間大社の湧玉池．（撮影　安田喜憲）
中：江戸時代の湧玉池．富士山に登る人は，浅間大社でお参りした後に，湧玉池で禊を行ってから，山に向かった．（絹本著色富士曼荼羅）
下：三島市の柿田川湧水．（撮影　安田喜憲）

してきた祖先からの贈り物だ」と主張しても、なかなか静岡県の人は理解しなかった。

二〇一六（平成二八）年、静岡県環境衛生科学研究所の村中康秀氏が駿河湾の海底からバナジウムを大量に含んだ富士山の湧水が出ていることをつきとめ、やっと富士山を核とする森里海の生命《いのち》の水の循環が、駿河湾の魚介類の繁殖を支えていることが理解されるようなった（静岡新聞二〇一六年五月二五日朝刊）。

吉澤保幸氏（吉澤、二〇一二[8]）は富山県南栃市、鹿児島県阿久根市さらには山形県鶴岡市等でその実現に向けてがんばっておられる。もちろんこうした私たちの活動は、すでに第四章（一三七頁）で述べたように、都市と農村の交流を企画する「オーライニッポン」の活動として、その共鳴者が各地で増えてきている。私たちは未来の夢と希望を持っている。世界の人々が日本人の生活様式（ライフスタイル）にあこがれる時代がかならずやってくると信じている。

## 健康寿命世界一と年縞《ねんこう》が語る生活様式（ライフスタイル）

静岡県の健康寿命は男女あわせて七三・五三歳で、世界一であった。健康寿命とは日常生活に支障がない期間を言う。「ふじのくに型人生区分」（静岡県健康福祉部）によれば、七六歳までは壮年塾期で、初老は七七歳になってからである。壮年塾期とは様々なことに熟達し、社会で元気に活躍する世代だと位置づけている。静岡県でこのように老人が元気で長生きできるのは、運動や社会参加もさることながら、おいしい水とそれによって涵養された食べ物を食しているからであろう。富士山の美しさにおもわず手を合わせるが、それは森里海の生命《いのち》を守る美しい水の循環に手を合わせているのである。森里海の生命《いのち》の水の循環を守ることは、私たちの生命《いのち》の維持にも深くかかわっていたのである（図5‐2）。

年縞《ねんこう》とは私が発見し命名したものである（安田、二〇一四[15]）。日本列島の湖底からこの年縞《ねんこう》が連続して発見された（第一章扉参照）。この年縞《ねんこう》は年輪と同じもので、白黒のセットになった一本が一年で、年輪の春材と秋材と同じものであることが分かった。この年縞《ねんこう》を一本一本数えて得られた年代はかぎりなく暦年代に近いものとなる。一〇〇本目の年縞《ねんこう》は一〇〇年前のもの、一〇〇〇本目の年縞《ねんこう》はかぎりなく一〇〇〇年前に近い。ついに二〇一二年に福井県水月湖の年縞《ねんこう》から明らかになった過去五万二八〇〇年の時間軸が、世界の標準になった（Ramsey et al., 2012[16]、中川、二〇一五、二〇一七[17]）。

この現代にまでつながる年縞《ねんこう》を残したのは、祖先の生活様式（ライフスタイル）を守る日本人の「生き方」なのである。それは祖先からの贈り物だったのである。日本人の祖先は湖に流れ込む物質循環に大規模な変化をもたらすことのない生活様式（ライフスタイル）を維持してきたのである。だから現代にまでつながる年縞《ねんこう》が日本の湖の底には、毎年毎年形成されているのである。

たとえばイースター島のラノララク湖にも一二世紀までは年縞《ねんこう》があった。しかし、モアイをつくるために大規模な森林破壊が引き起こされ、物質循環が変わると、とたんに年縞《ねんこう》はなくなった。中国大陸でもおなじだった。中国大陸では四〇〇〇年前頃までは年縞《ねんこう》があった。ところがそれ以降、大規模な森林破壊が引き起こされ、物質循環が変わると、湖の底には赤土がたまりはじめ、年縞《ねんこう》はなくなった。

このように私たちの生命《いのち》の維持と年縞《ねんこう》を形成する森里海の生命《いのち》の水の循環は一体だったのである。人間だけではない。この地球上の生きとし生けるもの、みんなの生命《いのち》を守っているのが、地球上の森里海の物質循環だったのである。それを代表しているのが生命《いのち》の水の循環だった。日本人の生活様式（ライフスタイル）はこの森里海の物質循環を大きく変えることなく守り維持するものだったのである。

ところが私たちが明治以降にあこがれてきたのは、人間の幸福のためにだけ、森を破壊し、地球上の森里海の物質循環を変え、自然から一方的に収奪する欧米文明の原理だった。アメリカが牡蠣《かき》の大産地だったことは記憶に新しい。しかし、今のアメリカの牡蠣は激減し、畠山重篤氏（二〇〇六[10]）を嘆かせる原因となっている。森を破壊し尽くす「物質エネルギー文明」の原理だけでは、この地球がもたないことに、多くの人々が気づきはじめた。

森里海の物質循環を大きく変えることなく守り維持してきた日本人の生活様式（ライフスタイル）が見直され、日本人の健康寿命の維持が見直され、この美しい地球で生きとし生けるものとともに千年も万年も生き続けることに最高の価値をおいた日本文明の原理が見直されなければならないのである。

## 三　最後の楽園の危機

### 文明の価値観の転換

たしかにきらびやかな輝きに満ちあふれた「家畜の民」の文化、欧米文明は、人々を魅了し尽くした。ハインリッヒ・シュリーマンがミケーネ遺跡で発掘した黄金のマスクは、人類文明発展の所産であった。ギリシャの白亜の大理石の神殿、光り輝くベルサイユ宮殿、魅惑的な音楽や絵画に、人々は酔いしれた。

しかし、そのきらびやかさの背後には、自然を一方的に破壊し尽くし砂漠にかえる自然搾取型の文明の闇があることに、人々は長らく気づかなかった。その文明の華やかさは、背後にしのびよる死の砂漠の影を、人々の意識から抹殺するだけに、魅惑的であった。

しかし、ギリシャやローマ文明が残したものは、白亜の神殿と禿山《はげやま》であった。その大地は、もはや二度と新しい文明を胚胎できないまでに疲弊していた。そして、それらの文明は、たしかに輝きには満ちていたが短命であった。ヨーロッパ文明の繁栄の時代も、結局一五世紀から二〇世紀までの、たった五〇〇年たらずであったことを思いださなければならない。

これに対して、森の文化を基層に持つ、自然＝人間循環系の縄文の文明原理の伝統は、一万年以上の長きにわたって連綿と受け継がれてきた。そこには森を破壊し尽くさない、「自然を生かし己をも生かす」（池見、一九七八[18]）、吉良竜夫氏の言う「半自然の文化」（吉良、一九七六[19]）の伝統が基層にあった。山村のひなびた古老のつくりだすトチモチやドングリ団子は、きらびやかな輝きに満ちたものではない。しかし、縄文時代以来、絶えることなく数千年にわたって受け継がれてきたものである。この永続性の中にこそ、いま、私たちは真の価値を見いだすときではなかろうか。それは、自然を破壊し尽くすことなく、己をも生かす永続性の高い「森の民」の文化の再認識である。季節を媒介として自然と人間が時間を共有する自然＝人間循環系の文明の再認識が必要なのである。

アフリカをはじめ、もともと自然＝人間循環系に立脚した発展途上国の多くの社会・経済問題の真の解決は、自然＝人間搾取系に立脚した欧米文明の人々の手では無理であろう。カール・ブッツァー氏（Butzer, 1976[20]）がエジプト文明の永続性の原因を解明するのに手をやいたのと同じく、彼らには自然＝人間循環系の文明の本質を、真に理解するのは困難ではなかろうか。先進国Ｇ７の中で、唯一、自然＝人間循環系の文明の伝統に立脚した日本が、現代から未来への国際社会において果たすべき役割と責務はきわめて大きいと言わざるを得ない。

地球という美しい青い有限の空間の中で、人類（ホモ・サピエンス）による自然破壊がとどまることを知らないかに見えるとき、自然＝人間循環系の文明への価値観の転換が、いま必要なのである。

## 還元主義から循環主義への転換

第二次世界大戦が終わり、一九四八（昭和二三）年に満州から舞鶴にひきあげてきたときは、わずか小学校三年生だった佐瀬章男氏（滋賀大学環境学習支援士会副理事長）は、引き上げ船の中で食べた白いおにぎりの味が忘れられないと言う。それは、ぱさぱさしたアワやコーリャンに比べて、なにものにもかえがたい味だったそうである。そして、日本列島に近づくと、美しい舞鶴湾と背後にひろがる森の風景がせまってきたと言う。それは満州で幼い頃見た風景とはまったく違うものだった。「ああここは桃源郷だな、人類の楽園だな」と幼心に思ったそうである。

欧米文明を胚胎した「家畜の民」の自然＝人間系は、搾取の還元システムと呼ぶことができるものだった。自然から搾取したものを人間の都合のよいものに還元する。自然から搾取したAをBに変え、BをCに変えて利用する。これが工業技術文明の発展を支えた自然＝人間系における還元主義（ケスラー、一九八四(21)）である。そしてAをBに、BをCへと無限に還元できるという思想を支えるのは直線的発展史観であり、人間中心主義に立脚した、したたかな世界観である。その還元主義はまた、人類の歴史は絶えず輝かしい未来に向って一直線に変化・発展するという歴史観に裏打ちされていた。

しかし、だれの目にもこの青い地球が、広大な宇宙空間の中で生命《いのち》をやどす、きわめて限られた空間であることをはっきりと視角でとらえることができるとき、世界はこの「家畜の民」の還元主義のみではやりくりがつかなくなってきた。この「家畜の民」の還元主義とともに、次代の世界を支えるのは、「森の民」の循環主義であろう（図５－３）。有限の空間、有限の資源の中に生きることを余儀なくされている人類の未来を支える世界観は、循環主義をプラスしなくてはやっていけない。AをBに変えBをCに変えるとともに、Cを再びAにもどすという自然＝人間循環系に立脚した循環主義の世界観を支えるのは、相対主義と円環的循環史観である。

第四章・三のもとになった論文「農耕伝播による人類の森林破壊の比較歴史地理学的研究」が一九七四（昭和四九）年に刊行（安田、一九七四(22)）され、第四章・四、第五章・三のもとになった「山村崩壊の文明史的位置」が一九八八（昭和六三）年に刊行された（安田、一九八八(23)）ことを見れば、私はこのことを半世紀近くも訴え続けてきたことになる。

日本列島の風土を守り、日本人を守り、日本の文化を守ってきたのは、この美しい日本の森の風土である。日本人を日本人たらしめているのは森だという確信は、ますます強まることそすれ、衰えることはない。それが私の研究者としての出発点でありゴールでもあったのである。

## 農山漁村の危機

「森の民」の相対主義に立脚した循環主義の世界観、円環的循環史観を世界に広め、母なる大地の森を守りぬいていくことは、しかしたやすいことではない。それは、「森の民」の文化の伝統をもっとも強く温存したこの日本人の足元が危ういからである。

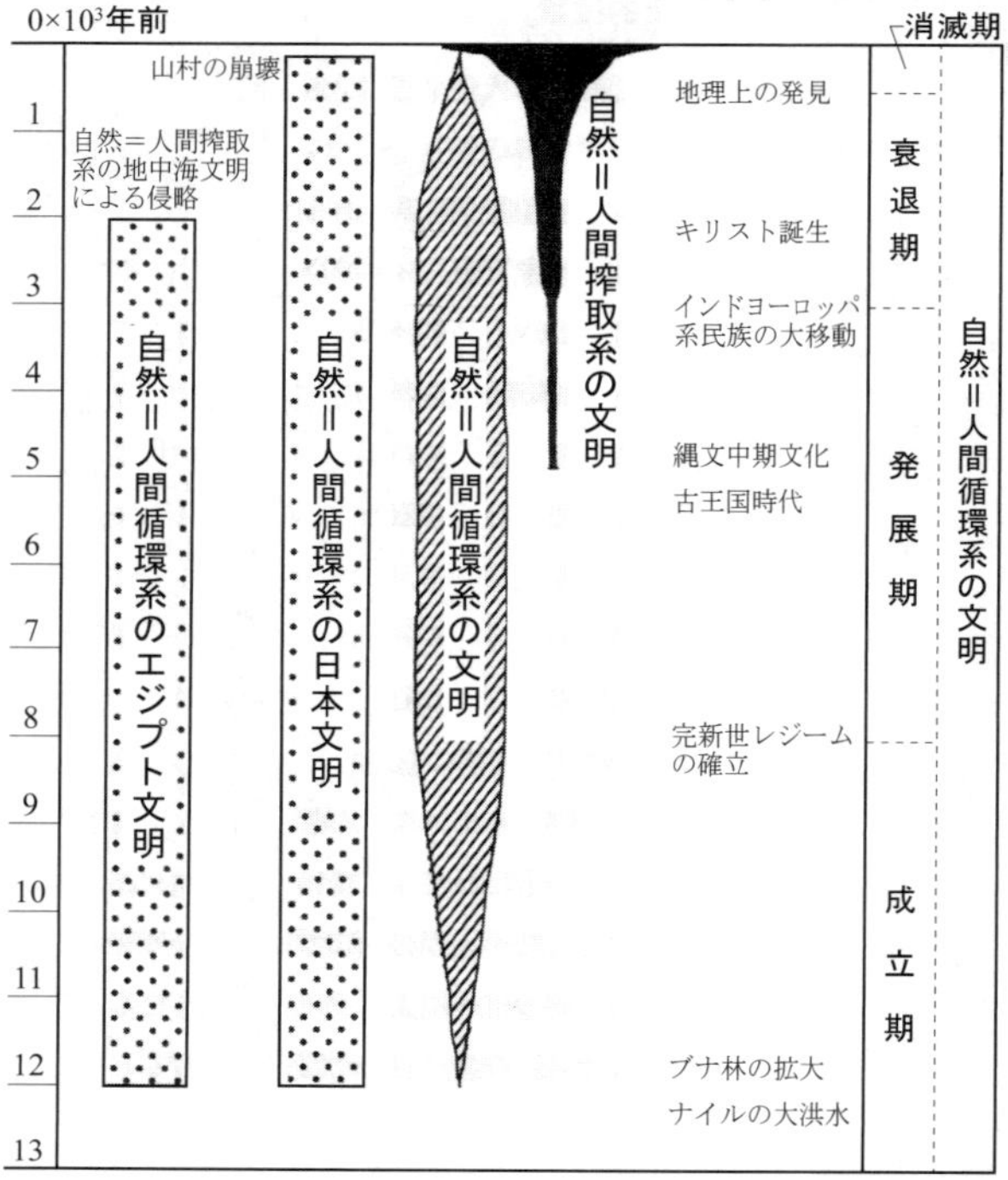


**図 5-3　世界史における自然＝人間循環系の文明と自然＝人間搾取系の文明の変遷**　（安田，1988）

大都市への人口と機能の集中が加速化し、構造改革が断行され、市場原理主義の下、背後の農山漁村の荒廃が進行している。日本の農山漁村は縄文時代の自然＝人間循環系の文明の伝統を残す、最後の砦であった。それはたんに日本国内というのではなく、地理上の発見以来、自然＝人間搾取系の文明の侵略と破壊の中でつぎつぎと姿を消していった、自然＝人間循環系の文明の生き残りと言えるかもしれない。日本は先進国G7の中で自然＝人間循環系の文明の唯一の生き残りと言える文明を胚胎している国なのである。フランス・ドイツ・イギリスなど北西ヨーロッパ諸国は、森を破壊し尽くした結果、「これではいけない」ということで、一八〜一九世紀以降に植林をしたから、森の重要性には気づいているだろう。一八〜一九世紀に森を失った恐怖を知った北西ヨーロッパの人が、未来に果たす役割は大きい。それは見方を変えれば、生きとし生けるものがすべて、未来に夢を持って生きることができる地上の最後の楽園であったのだ。

しかし、その最後の楽園もいま、崩壊の危機に直面しているのではないか。高度経済成長期のさなか、日本の山村が自然＝人間搾取系の文明を母とする近代工業技術文明の蔓延の中で崩壊をはじめてから五〇年後、再び大きな危機がしのびよっている。人口減少によって、自然＝人間循環系の文明の伝統をかろうじて残していた日本の農山漁村が、大きな変貌をせまられているからである。

山村が崩壊し、限界集落という言葉まで生まれ、農村や漁村が危機に直面する中で、私たち日本人は、自然＝人間循環系の文明に立脚した伝統的な日本民族のアイデンティティーを急速に喪失している。しかしその伝統的なアイデンティティーに代わる、新しいアイデンティティーはまだ見えてこない。戦後日本がここまで発展をとげることができたのは、縄文時代以来の自然＝人間循環系の文明の伝統が、日本人のアイデンティティーとして、しっかりとその底流に生き続けていたからではなかろうか。

植民地化の中で、伝統的な自然観や世界観を捨てさせられ、生活様式（ライフスタイル）まで変更をせまられたアフリカの悲劇は、時間がたつにしたがい、ますますその深刻さを増している。それがアフリカのように侵略の中でひき起こされなくても、自国の伝統的文化をかなぐり捨て、欧米文明の申し子の思想に転換した国々の混迷は、いまも続いている。自らの伝統的な自然観、あるいは生活様式（ライフスタイル）を「物質エネルギー文明」の侵略の中で喪失したり、かなぐり捨てなければならなかった民族の悲しい彷徨が続いている。歴史とアイデンティティーを喪失した魂の、悲しい彷徨が続いている。未来の地球が、これらの国々と同じ混迷の中にないとだれが断言できるであろうか。拙著『世界史のなかの縄文文化』（安田、一九八七[25]）で述べたことだが、あの巨大なエジプト文明さえも、自然＝人間搾取系の地中海文明の侵略の中で、もろくも崩壊していったこと（図5－3）を思い起こすべきである。

いま、私たち日本人は、自らのよって立つ自然＝人間循環系の文明のひ弱さを自覚し、祖先の森里海の生命《いのち》の水に代表される物質循環を大切にした生活様式（ライフスタイル）を思い起こすべきときではないだろうか。自然＝人間搾取系の文明の侵略には弱いというひ弱さと未来の地球環境を守りぬくという強さをである。

## 東京一極集中型の国土計画の見直し

高度経済成長期における大都市への人口の集中は、日本の経済発展を生み、都市型文明の繁栄をもたらした。そして東京一極集中型の傾向は、今も続いている。現代というときの断面は、東京一極集中型の都市文明の成熟期にある。

東京へのさらなる人口の集中は、ギリシャのアテネ、ヘレニズムのアレクサンドリアそしてイタリアのローマ、フランスのパリ、イギリスのロンドン、アメリカのニューヨーク等の繁栄のように、日本民族の歴史、いや世界史の中でも、ひときわ輝きをはなつ都市文明の時代をもたらす可能性がある。しかし、忘れてはならないのは、「家畜の民」が構築したクレタ島のクノッソス遺跡、ギリシャのミケーネ遺跡、そして小アジアのエフェソス遺跡など自然＝人間搾取系に立脚した都市文明の終末は、きわめてドラスティックであったことである。地中海文明を支えた古代の都市は、過度の都市への人口集中と、はげしい自然破壊の中で、崩壊していった。過度の集中はドラスティックな崩壊と背中あわせであろう。3・11の東日本大震災のときの東京の大混乱に、私はその予兆が現れはじめていると思った。富士山が噴火し（鎌田、二〇一二[25]）、「東京直下型地震」そして「南海トラフ巨大地震」（鎌田、二〇一五[26]）がもしくれば、想像を絶する被害がでるだろう。地質学者たちは二〇三〇年代にはくると予測し、鎌田浩毅氏（鎌田、二〇一八[27]）も、二〇四〇年までには確実にくると予測する。

自然の許容量の限界近くにまで人口が集中した自然＝人間搾取系の社会は、わずかの環境の変化（自然そのものの変化、あるいは人間による自然破壊の結果への反作用）にも弱い。自然＝人間搾取系の都市文明の下における過度の集中はドラスティックな崩壊と背中あわせであることを、為政者はもって肝に銘ずべきである。過度に集中した東京の都市文明は、短期間の環境の激変によってさえ、壊滅的な打撃をこうむる可能性がある。短期間の巨大な繁栄とカタストロフィックな崩壊ではなく、文明の永続性を願うならば、過度の集中ではなく、適度の分散こそが必要なのである。

## 「森の民」日本人の責務

今、地球上で滅びゆく文明があった。それは自然＝人間循環系の文明であった。その文明の崩壊を端的に物語っているのが、日本の農山漁村の崩壊であった。自然との間に一体感を感じ、森や山や川の中に神をみた魂は、今、忘却のかなたの存在となりつつある。それはまた、日本の文化を一万年以上にわたって根底において支えてきたアイデンティティーの喪失をも意味した。

しかし、時代は大きく変わろうとしている。人間のあくなき搾取の中で、いたいたしいまでに疲弊した地球。増殖する人間の破壊の中で、収奪の限りを尽くされた地球の中で、もはや人間からの一方的な搾取はゆるされなくなった。自然＝人間搾取系の文明の横暴は、地球をそしてそこに生活する人類を破滅の危機に導く。

疲弊し、小さくなったこの地球の中で、人類が生きのびるためには、自然＝人間循環系の文明の伝統を思いださなければならない。森や大地に神をみたアニミズムの魂を呼びもどさなければならない。日本人の伝統的な生活様式（ライフスタイル）を思い起こさなければならない。

温帯の文明地帯において、二一世紀の前半まで自然＝人間循環系の文明の伝統、アニミズムの文化の伝統を温存することができたというまれにみる幸運に浴した日本人が、今、地球と人類の未来に対してなすべきことはもはや明白である。それは自然とともに生きのびる叡智を、この日本文明の原理を、日本人の伝統的な生活様式（ライフスタイル）を全世界に普及させることである。「森の民」の叡智とアニミズムの魂の伝達が必要なのである。それをなしうるのは、「森の民」日本人をおいてほかにない。おじいさんおばあさんが孫に教えるしかない。がんばれ。

## 日本はこれからどうする

明治維新以降、欧米文明・「物質エネルギー文明」にあこがれ欧米文明に追いつけ追い越せとがんばってきた先進国は、日本だった。そして日本は欧米文明を吸収した。だがその欧米文明の闇が顕在化してきた。フランスのパリでテロ、シリアの人々の苦悶、イギリスのＥＵ離脱、中国の南シナ海への進出そしてアメリカのトランプ大統領の選出と北朝鮮問題など、今、世界は苦悶している。自然との共存・共生ではなく、今、自分たち人間が生きていくことさえ困難な事態が世界では引き起こされている。それは一神教の闇、人間中心主義の闇、自然を一方的に収奪する文明の闇であると私は考えている。これらは自然を一方的に収奪してきたことへのつけであると私は考える。

## 自然に見つめられていることの自覚

二〇一三（平成二五）年五月二五日、ＦＭ仙台の「カフェ・デ・モンク」というローカルな番組に、石巻市洞源院住職夫人の小野崎美紀氏が出演しておられた。二〇一一（平成二三）年三月一一日の東日本大震災の夜、無数の星がまたたく夜空に、何千という火の魂が昇っていくのを見られたと言う。

金野伸介氏は、東日本大震災で仙台市卸町の自宅と店舗が壊滅した。家族は三日間、車の中で生活せざるをえなく、水も食料もなく、明日をも知れない生命《いのち》、その三月一一日の漆黒の夜空に「こんなにあったのかと思うほどの星が満ち溢れていた」と私に語った。

東日本大震災が宮城県を襲ったのは、雪の降る寒い日だった。雪がやむと、物音ひとつしない静寂の中、漆黒の夜空には満天の星が輝いていた。その夜空の星の彼方に小野崎美紀氏は「何千という火の魂が昇っていくのを見た」と語る。

何千という人々が津波にのまれ生命《いのち》を落とされていた。火の魂はおそらく幻視であろう。しかし、人の生命《いのち》は亡くなるとき、光り輝く魂になるのではないかというのが、私のいつわらざる気持ちである。小野崎美紀氏の話を聞いて、涙がでた。ラジオを聞いて涙がでたのは、幼い頃「海ゆかば」がラジオからながれてきたのを聞いたとき以来だった。

二一世紀初頭、人間は地球を支配し、地球の資源をむさぼり尽くしている。夜でも明るい都会からは、漆黒の夜空が消えた。そして人間は、満天の星空を忘れただけではない。星空の彼方から見つめられているという事実も忘れた。

私たちは生命《いのち》の惑星・地球に生きている。だが私たち人間だけが、地球に生きているのではない。無数の生きとし生けるものとともに、計り知れない宇宙の法則の中で私たちは生きている。その現実の一端を、巨大災害に直面し、生命《いのち》の危機に直面したとき、人はそのことを思い知るのである。

おじいさんおばあさん「がんばれ」と書いたが、このおじいさんやおばあさんが、この本を読めるとはとうてい思われない。スマートフォンの流行の中で、本は売れず、町の本屋さんはつぎつぎとツブレている。だがそれでも先進国G７の中で歴史と伝統文化を温存しているのは日本だけなのである。すくなくともおじいさんとおばあさんは、まだ日本の歴史と伝統文化を体現している。

その日本文化の歴史と伝統文化を子や孫たちに伝えなければならない。老人が生きるとはそういうことなのであろう。

里山と里海をつくり、その文化的伝統を守ってきた人々の叡智を未来に残すことは、日本人と日本文化を守り未来に伝えるために、どうしてもなさねばならないことである。私は半世紀近くにわたってこのことを主張し続けてきたが、本書の最後にもう一度強く訴えたい。

「今、あなたが国や地方の政治と行政をまかされているのは、未来の子どもたちのためなのである。」

「リーダーに先見の明がないとき、子どもたちの未来は封殺される。」

「里山・里海の生命《いのち》の水の循環を守り通してきた祖先の生活様式（ライフスタイル）に感謝し、未来を想い描かねばならない。」

このことをどうか肝に銘じてもらいたい。

## 引用文献および注


（１）安田喜憲：『環境考古学事始』ＮＨＫブックス　一九八〇年　後に洋泉社より二〇〇七年復刻

（２）藻谷浩介・ＮＨＫ広島取材班：『里山資本主義―日本経済は「安心の原理」で動く―』角川 oneテーマ21　二〇一三年

（３）安田喜憲：『稲作漁撈文明』雄山閣　二〇〇九年、Y.Yasuda (ed.): *The Origins of Pottery and Agriculture*. Lustre Press and Roli Books, Delhi 2002.

（４）Y. Yasuda (ed.) : *Forest and Civilisation*. Lustre Press and Roli Books, Delhi, 2001.

（５）梅原　猛・安田喜憲：『長江文明の探究』新思索社　二〇〇四年

（６）安田喜憲・七田忠昭編：『東シナ海と弥生文化』雄山閣　二〇一八年

（７）安田喜憲：『山は市場原理主義と闘っている』東洋経済新報社　二〇〇九年

(8)吉澤保幸：『グローバル化の終わり、ローカルからのはじまり』経済界　二〇一二年
(9)石田秀輝：『自然に学ぶ粋なテクノロジー』化学同人　二〇〇九年
(10)畠山重篤：『カキじいさんとしげぼう』講談社　二〇〇五年、畠山重篤：『森は海の恋人』文春文庫　二〇〇六年
(11)梅原 猛・安田喜憲編：『縄文文明の発見』ＰＨＰ　一九九五年
(12)稲盛和夫：『生き方』サンマーク出版　二〇〇四年、稲盛和夫『京セラフィロソフィ』サンマーク出版　二〇一四年
(13)安田喜憲：『森を守る文明、支配する文明』ＰＨＰ新書　一九九七年、安田喜憲：『日本よ、森の環境国家たれ』中公叢書　二〇〇二年
(14)安田喜憲：『森の日本文明史』古今書院　二〇一七年
(15)安田喜憲：『一万年前』イーストプレス　二〇一四年
(16)**C. Ramsey et al.**: A complete terrestrial radiocarbon record for 11.2 to 52.8 kyr B.P.. *Science*, 338, 2012.
(17)中川 毅：『時を刻む湖』岩波書店　二〇一五年、中川 毅：『人類と気候の一〇万年史』講談社ブルーバックス　二〇一七年
(18)池見西次郎：『セルフ・コントロールの医学』ＮＨＫブックス　一九七八年
(19)吉良竜夫：『自然保護の思想』人文書院　一九七六年
(20)**K. Butzer**: *Early hydraulic civilization in Egypt*. The Univ. Chicago Press, New York, 1976.
(21)アーサー・ケスラー編著（池田善昭監訳）：『還元主義を超えて』工作舎　一九八四年
(22)安田喜憲：「農耕伝播による人類の森林破壊の比較歴史地理学的研究」『人文地理』二六　一九七四年
(23)安田喜憲：「山村崩壊の文明史的位置」『山村研究年報』九　五箇山山村研究センター　一九八八年
(24)安田喜憲：『世界史のなかの縄文文化』雄山閣　一九八七年
(25)鎌田浩毅：『もし富士山が噴火したら』東洋経済新報社　二〇一二年
(26)鎌田浩毅：『西日本大震災に備えよ』ＰＨＰ新書　二〇一五年
(27)鎌田浩毅：『地球とは何か』サイエンス・アイ新書　二〇一八年

# あとがき

私はこれまで一〇〇冊近くの本の出版刊行にたずさわってきた。

しかし、それは地理学者というよりも、環境考古学という学問分野を世に知らしめるためであった。しかし、私の学問の出発点は地理学にあった。時代の風はたしかに環境考古学を歓迎してくれた。そして私は研究者として今日まで生きのびることができた。

しかし、私の学問の原点は地理学にあり、地理的なものの見方や考え方が、環境考古学の底辺にあった。それは「自然と人間の関係の研究」であった。

学生時代に私は古今書院の本をむさぼるように読んだ。その古今書院とひさしぶりに対面したのは、洋泉社という出版社に行ったときである。

古今書院のビルは、私の学生時代以来、ほとんど変わっていなかった。しかも一九七〇（昭和四五）年代当時は、「すばらしいビルだな」と思った。それが今では古ぼけた階段が急な、みすぼらしい小さなビルになっていた。まるで地理学の社会的地位の変化を物語るようであった。隣には洋泉社の入る立派な近代的ビルがあった。

そのとき、「地理学をなんとか再興しなければいけないな」と思った。もちろん私にできることは地理学の本を古今書院から刊行するぐらいのことしかなかった。そこで古今書院の原 光一氏にお願いして関 秀明氏をご紹介いただいた。そして前書『森の日本文明史』を刊行していただいた。

つづく本書『文明の精神―「森の民」と「家畜の民」』は前書につづく第二弾である。

今や私が勤める静岡県「ふじのくに地球環境史ミュージアム」の和文誌タイトルも「環境考古学と富士山」となり、「環境考古学」はこれからも発展していくことができるだろう。その証として二〇一七（平成二九）年四月で、私の弟子（私が勝手にそう見なしている人）の大半がパーマネントの職を得たことがあげられるだろう。二〇〇〇（平成一二）年の初めには、私の研究はまったく日本の研究者には理解されなかった。しかたなく私の弟子はイギリスなどの大学に就職したが、その頃のことを思うと隔世の感がある。

経済産業省岸本吉生氏や環境省中井徳太郎氏が推奨してくれている森・里・海の生命《いのち》の水の循環プロジェクトも、二〇一六（平成二八）年までは環境省のマイナー・ストリームであったが、今やメイン・ストリームになりつつある。

ひるがえって私は『森の日本文明史』と『文明の精神―「森の民」と「家畜の民」』の二冊を古今書院から刊行していただくことによって、ようやく新しい「生命文明の時代」がそこまでやってきていることを実感できるようになった。

本書の刊行にあたってはふたたび関 秀明氏にお世話になった。古今書院から本を刊行することは、地理学者としての夢であった。私の地理学の研究者としての夢は、この二冊の本を古今書院から出すことによって、ようやく果たされたと言ってよいであろう。しかも、関 秀明氏は、私の地理学を評価してくれた小泉武栄氏のお弟子さんであられた。

研究者として生き残るのがむずかしい中で、まことにありがたいことである。お世話になった皆様にこの場をお借りして厚くお礼申し上げたい。

なによりも、二〇世紀から二一世紀にかけて「自然と人間の関係を研究するのが地理学だ」という夢を追いかけた一人の地理学者がいたことが、後世に残ればありがたいと思っている。そして「自然と人間の関係を研究」する若者がどんどんでてくれることを願っているのである。

前書では時間がなくて索引をつけることができなかったが、本書には編集者の関 秀明氏が独自に索引をつけてくださった。

二〇一八（平成三〇）年八月一五日

安田 喜憲

## 初出一覧

第一章　書き下ろし

第二章　安田喜憲「自然と宗教」山折哲雄監修『宗教の事典』朝倉書店　七六七―七八〇頁　二〇一二年に加筆修正

第三章　安田喜憲「文明の精神」『比較文明研究』第一六号　七三―一〇二頁　二〇一一年に加筆修正

第四章
一　安田喜憲：「里山と稲作農業」『森林文化研究』二〇　一―七頁　一九九九年に加筆修正
二　書き下ろし
三　安田喜憲：「農耕伝播による人類の森林破壊の比較歴史地理学的研究：イギリスと日本」『人文地理』二六巻―六号　四三―七九頁　一九七四年の一部に加筆修正
四　安田喜憲：「山村崩壊の文明史的位置」『山村研究年報』第九巻　一―二〇頁　五箇山山村研究センター　一九八八年に加筆修正

第五章
一　安田喜憲：「命をつなぐ里山」『地方議会人』一一　一七―二二頁　二〇一四年に加筆修正
二　書き下ろし
三　安田喜憲：「山村崩壊の文明史的位置」『山村研究年報』第九巻　一―二〇頁　五箇山山村研究センター　一九八八年に加筆修正

### は行



### ま行



### や行



### ら行



### わ行

## た行



## な行

か行



さ行

## 事項索引

# 人名索引

**著者紹介**


## 安田 喜憲　　やすだ よしのり

1946 年三重県生まれ．東北大学大学院理学研究科修了．理学博士．

広島大学総合科学部助手，国際日本文化研究センター教授，東北大学大学院教授をへて
現在　ふじのくに地球環境史ミュージアム館長，モノヅクリ生命文明機構理事長，国際日本文化研究センター名誉教授，スウェーデン王立科学アカデミー会員．

紫綬褒章受章，中日文化賞，中山賞大賞，東海テレビ文化賞など受賞．

著書に『一神教の闇』ちくま新書，『蛇と十字架』人文書院，『日本よ森の環境国家たれ』中公叢書,『生命文明の世紀へ』第三文明社,『稲作漁撈文明』雄山閣,『山は市場原理主義と闘っている』東洋経済新報社，『環境考古学への道』ミネルヴァ書房,『一万年前』イーストプレス,『ミルクを飲まない文明』洋泉社歴史新書,『日本神話と長江文明』雄山閣，『環境文明論：新たな世界史像』論創社，『森の日本文明史』古今書院，『人類一万年の文明論』東洋経済新報社，ほか多数．



| | |
|---|---|
| 書　名 | **文明の精神 ―「森の民」と「家畜の民」―** |
| コード | ISBN978-4-7722-7146-2 |
| 発行日 | 2018（平成 30）年 10 月 7 日　初版第 1 刷発行 |
| 著　者 | 安田喜憲 |



| | |
|---|---|
| 発行者 | 株式会社 古今書院　　橋本寿資 |
| 印刷所 | 株式会社 理想社 |
| 製本所 | 渡邉製本 株式会社 |
| 発行所 | **古今書院**　〒 101-0062 東京都千代田区神田駿河台 2-10 |
| TEL/FAX | 03-3291-2757 / 03-3233-0303 |
| 振　替 | 00100-8-35340 |
| ﾎｰﾑﾍﾟｰｼﾞ | http://www.kokon.co.jp/　　検印省略・Printed in Japan |